阳光体育视域下
户外运动发展研究

向武军◎著

吉林大学出版社

·长春·

图书在版编目(CIP)数据

阳光体育视域下户外运动发展研究 / 向武军著. —

长春：吉林大学出版社，2020.1

ISBN 978-7-5692-6068-7

Ⅰ.①阳… Ⅱ.①向… Ⅲ.①体育锻炼－研究－中国

Ⅳ.①G806

中国版本图书馆 CIP 数据核字(2020)第 020987 号

书　　名	阳光体育视域下户外运动发展研究
	YANGGUANG TIYU SHIYU XIA HUWAI YUNDONG FAZHAN YANJIU
作　　者	向武军　著
策划编辑	孟亚黎
责任编辑	周　鑫
责任校对	刘守秀
装帧设计	马静静
出版发行	吉林大学出版社
社　　址	长春市人民大街 4059 号
邮政编码	130021
发行电话	0431－89580028/29/21
网　　址	http://www.jlup.com.cn
电子邮箱	jdcbs@jlu.edu.cn
印　　刷	北京亚吉飞数码科技有限公司
开　　本	787mm×1092mm　1/16
印　　张	16.5
字　　数	214 千字
版　　次	2021 年 3 月　第 1 版
印　　次	2021 年 3 月　第 1 次
书　　号	ISBN 978-7-5692-6068-7
定　　价	79.00 元

前　言

　　青少年健康发展是当前世界各国都非常重视的一个教育和体育发展问题，也是当前体育运动健康和体质研究的一个热点。青少年学生群体是一个特殊的社会群体，青少年学生群体的健康是构成一个国家人口资源综合素质的重要因素之一，关系到社会、国家乃至人类的未来发展。

　　就我国青少年学生整体健康状况来看，长期以来，受我国升学和考试制度的影响，在教育领域，往往过于重视学生的文化课学习，唯成绩论，为了让学生有足够的时间学习文化知识，不惜牺牲体育课程和体育活动时间，学校没有一个很好的锻炼环境与氛围，这种社会风气同时延伸到校外，整个社会都过多关注青少年学生的卷面分数，而忽视青少年学生的身心健康发展，这种做法严重侵害了青少年学生群体的身心健康，我国青少年学生群体的体质健康状况逐年下降，各种心理问题日益凸显。

　　为了切实改变我国青少年学生身体素质不高、心理发展不完善的现状，我国推出"阳光体育"计划，开展青少年学生阳光体育活动，鼓励各方积极配合，引导和促进青少年学生积极参与校内、校外体育运动。户外运动的自然运动环境极大地适应了阳光体育运动发展的要求，并符合青少年学生兴趣广泛、追求自由和个性、敢于探索和冒险的心理发展特点，因此成为各级各类学校阳光体育开展的重点运动项目，《阳光体育视域下户外运动发展研究》一书就是在新时期体育和教育发展背景下，旨在为学校切实开展户外阳光体育运动提供理论和实践指导而撰写的。

　　全书共八章，从理论和实践两个方面对户外阳光体育运动展开了系统论述,探讨了学校阳光体育运动的科学发展。前四章为理论部分,第一章为阳光体育与户外运动概述,深入解析了阳光体育的基本内涵,阐释了户外运动的起源与发展、概念、分类、特点等内容,并就户外阳光体育运动开展所需器材与装备进行了简要阐述;第二章为阳光体育视域下户外运动的多维价值解析,在分析青少年学生身心特点的基础上,就阳光体育视域下户外运动教育价值进行了深入研究,指出了学校开展户外运动与青少年的全面发展促进的关系与现实价值;第三章为阳光体育视域下户外运动多元化发展研究,结合整个社会的体育和教育发展,分别就户外运动产业与人才的发展,大众户外运动与休闲体育、体育旅游的融合发展,阳光体育视域下学校户外运动的可持续发展以及阳光体育下户外运动的长效发展进行了系统研究;第四章为户外运动体制体系的科学构建与发展完善,就我国当前宏观户外运动的法规制度的健全发展、户外运动的健康保健体系构建、户外运动的科学化安全管理进行了探讨分析。第五章从体能和心理两个方面就户外运动基础训练进行了分析;第六章至第八章分别就户外运动丰富多彩的运动项目的开展实践进行了解析论述,主要涉及包括轮滑、滑板、山地自行车、团队拓展在内的户外运动适应性项目,山地户外运动项目,水域户外运动项目,空中户外运动项目,冰雪户外运动项目,包括秋千、风筝、垂钓、蹴球、龙舟、独竹漂在内的民族特色户外运动项目。

本书的撰写突出了以下特点。

第一,角度新颖,系统全面。本书对户外运动的研究,从阳光体育视域开展研究,立足于新时期我国教育、体育、社会发展对青少年学生群体的最新要求,以切实促进我国青少年学生群体的身心和社会性健康发展为落脚点,对阳光体育与户外运动的有机结合发展进行了研究,并指导学校体育的开展落实。

第二,亮点突出,重视教育功能。本书深入解析了户外运动的多元教育价值,阐明了青少年学生群体参与户外运动的重要教育价值,同时也关注户外运动自身的多元化可持续发展,本书的

第二章、第三章就主要探讨了这些问题,是本书的亮点。

第三,科学严谨,逐步深入。本书对户外运动的研究,注重理论与实践的有机结合,户外运动实践指导均是建立在科学的理论基础之上的。此外,对户外运动的参与与开展,也遵循了循序渐进的客观规律,从体能与心理基础训练,到户外运动适应性训练,再到典型和传统户外运动项目的开展,不断巩固提高,体现了科学严谨、逐步深入的特点。

第四,时代性强,重视个性发展。户外拓展运动实践项目丰富、新颖,符合学生的个性化差异,可满足学生的不同运动需求。本书结合阳光体育背景下的户外运动项目的各个方面,集科学性、实践性于一体,并充分考虑了学生的身心特点、可接受性与可行性,以及户外运动的最新、典型项目内容,突出了时代性。

在撰写过程中,笔者参阅、借鉴了许多专家学者的成果,在此表示深深的敬意和感谢。由于笔者水平有限,书中难免有未尽之处,敬请各位读者批评指正。

作　者

2019 年 4 月

目　录

第一章 阳光体育与户外运动概述

阳光体育是由教育部和体育总局以及共青团中央共同推进的旨在鼓励和促进我国青少年学生群体积极参与户外体育运动，以此来不断促进自身的身心健康全面发展的重要策略。阳光体育以"健康、运动、阳光、未来"为宣传口号，鼓励和吸引青少年学生走进大自然、走到阳光下，积极参加体育锻炼。户外运动在户外开展的运动环境优势使其成为阳光体育开展和推广的重要体育运动项目类群，能最大限度地满足阳光体育的基本运动需求，同时，能有效激发青少年学生群体的体育运动参与的兴趣与主动性，并有效促进青少年学生群体的身心、社会性健康全面发展。本章主要就阳光体育与户外运动的基本理论知识进行系统阐述，以此为青少年学生群体和户外运动爱好者全面、深入认识和理解阳光体育与户外运动提供理论指导。

第一节 阳光体育的基本内涵

为切实推动全国亿万学生体育运动的广泛开展，吸引广大青少年学生积极参加体育锻炼，并以青少年学生的体育参与和体育健身发展来推动群众性体育运动的发展，教育部、国家体育总局、共青团中央决定于 2006 年首次正式提出在全国范围内开展阳光体育运动，阳光体育运动正式启动。

阳光体育运动的开展对我国的体育、教育、社会发展等均具有重要的推动作用。关于阳光体育的基本内涵,可以从体育、教育、文化三个角度进行解析。

一、阳光体育的体育内涵

体育是人体运动的最基本的形式和形态,对人体的正常生理活动具有重要的促进作用。体育运动是人类社会发展的重要文化基础,是人类生存发展所必不可少的一部分内容,对个人的发展和整个社会的发展均具有重要意义。

阳光体育运动是一种有明确目的的体育运动,对运动者的自身发展具有重要的促进作用。阳光体育运动不是随便开展的,是青少年学生群体在一定的体育思想指导下的体育运动的积极参与,旨在通过参与体育运动,实现体育对身体发展促进的最本质的体育健身的价值作用。

从体育的角度来看,阳光体育本质是以身体练习为最基本手段的一种运动,可以从以下三个方面来进行理解。

①阳光体育运动以肢体活动为主要练习手段。

②阳光体育运动以增强体质为基础,同时,有利于促进体育运动参与者的身心、社会性的全面发展。

③阳光体育运动面向全国青少年学生,各类各级学校根据本校实际和学生实际来开展校内、校外体育活动。

开展阳光体育运动,通过体育运动参与作用于青少年学生的有机体,以身体练习为基本手段,改变青少年群体体质日益下降趋势,促进青少年学生的体质水平不断提高,并进一步实现全民体质的改善,是开展阳光体育的重要目的和任务。①

二、阳光体育的教育内涵

根据《教育部国家体育总局共青团中央关于开展全国亿万学

---

① 徐昊,傅钢强."阳光体育运动"内涵、地位及意义的再阐释[J].山东体育科技,2009,2(31).

生阳光体育运动的决定》（以下简称《决定》）中对阳光体育发展的思想指导，不难发现以我国亿万青少年学生为主体的阳光体育运动与我国素质教育实现了体育教育行为实践和体育教育思想上的统一。

《决定》明确了我国阳光体育运动的开展方向与目标。

①提高对体育的认识在全国大、中、小学中掀起体育运动热潮，形成全员参与的群众性体育锻炼风气。

②以"达标争优，强健体魄"为目标，使85％以上的学生每天锻炼一小时。

③以全面实施《学生体质健康标准》为基础，建立和完善《学生体质健康标准》测试结果记录体系，建立《学生体质健康标准》通报制度。

④与体育课教学相结合，通过体育教学，教育、引导学生的体育参与。

⑤与课外体育活动相结合，不断丰富学生课外体育活动。

⑥在全社会、各学校营造良好的舆论氛围。

⑦加强各体育、教育行政部门，共青团，各学校的体育组织领导。

阳光体育运动坚持"健康第一"的指导思想，以全面实施学生体质健康标准为基础，培养青少年学生群体的体育意识、体育能力、体育习惯、体育行为，在广大青少年中形成热爱体育、崇尚运动、健康向上的良好风气，最终旨在实现全民族身体素质的普遍提高。[①]

我国拥有世界上最大的青少年群体，全国人口中，在学人口有2亿人之多。当前，大力推进素质教育，进一步增强青少年体能锻炼、增强青少年体质具有重要意义。

在我国不断推进阳光体育运动的发展进程中，学校非常重视青少年的健康成长，大力提倡和鼓励青少年学生积极上体育课和

---

① 刘小俊．"阳光体育"内涵与发展探析［J］．沈阳体育学院学报，2009，1（28）．

参与体育活动。"中国学生体质与健康调研"课题组调查发现,我国青少年的身高、体重和胸围均呈现出不同程度增长的趋势,青少年体质整体向着良好的状态发展。

2006年的全国学校体育工作会上,陈至立指出,培养体魄强健、心理健康、意志坚强、精神昂扬的现代青少年,"是素质教育的应有之义",2007年第八届国家督学会议上,周济强调,一定要高举"健康第一"旗帜,把开展阳光体育运动作为推进素质教育的重要切入点。此后,阳光体育运动一直与素质教育紧密结合在一起。

新时期,"阳光体育运动"是新时期加强青少年学生体育意识、增强青少年学生体质的战略举措,对全面推进素质教育、促进青少年学生的全面发展具有深远意义。[①]

为了实现新时期的体育教育教学改革,我国实施《关于深化教育改革全面推进素质教育的决定》,从国家层面强调了塑造教育的重要性,强调现代教育应重视人的自我价值和社会价值的实现,促进学生的全面发展。阳光体育运动强调青少年学生积极参与运动、享受快乐、获得发展,它是素质教育的重要组成部分。阳光体育运动的开展就是要培养青少年学生的体育参与兴趣,提高青少年学生的体育运动意识,积极落实青少年学生的体育锻炼行为,实现体育对青少年学生的多元体育教育价值。

三、阳光体育的文化内涵

体育是一种特色的社会文化,体育文化促进了社会多个要素的有效发展,为人类创造了巨大的物质和精神财富。

阳光体育运动也是一种国家体育和教育文化,从阳光体育的文化构成进行分析,阳光体育运动包括两部分内容。

---

① 郝小刚,高雪梅."阳光体育运动"与高校体育的"冲突与共融"[J].首都体育学院学报,2011,5(23).

①物质部分：阳光体育运动开展的客观载体，主要包括各种体育设施设备、体育场所以及有关的体育工作人员和相关物体等。

②精神部分：比较抽象，主要包括保证阳光体育运动顺利实施的各种规章制度以及体育思想意识、体育文化等。

阳光体育运动是一种现代社会的物质和精神文化的综合，其对现代青少年学生的综合发展与现代社会主义精神文明的建设具有重要推动作用。通过阳光体育运动的开展，能加深青少年学生对体育的深刻文化内涵的认识，激发青少年学生的体育参与兴趣，有助于提高青少年学生的精神品质，能增强青少年学生的爱国热情、强国愿望，鼓励青少年学生不断在物质和精神层面完善自我、促进社会发展，实现体育文化对社会发展的促进价值。

第二节　户外运动的起源与发展

一、户外运动的起源

（一）户外运动的雏形

户外运动从早期人类社会的生产、生活中产生，并随着人类社会的发展，逐渐与人类的基本生存生产活动相脱离，成为一项独立的体育运动。

在早期人类生活中，人类为了满足生存需要，不断开拓发展空间，各种身体的活动都是在户外进行的，并将各种已经习得的户外生存生产经验有意识地总结、传承。例如，早期艰难的自然环境中，人类为了求得生存，在上山采摘过程中学到了攀岩和下降的技能；狩猎时发明了路边追踪的方法；捕鱼和出海过程中掌握了渡船和潜水的本领。随着社会的发展，人类在作战和迁徙的过程中,积累了长途跋涉和翻山越岭的相关经验。

之后,随着人类社会的持续发展,人类的生产力不断提高,获得生存生产资料的途径和方式开始变得更加便捷、快速和高效,户外运动与生产劳动逐渐分离,成为一项主要以锻炼身体和磨炼意志的户外身体活动形式。

(二)户外运动的形成

户外运动作为一项体育运动的存在始于 18 世纪。这一时期,喜欢探险的欧洲人最先开始在户外进行各种挑战自我的体育运动,这些体育运动得到了一些体育运动爱好者和探险者的关注和重视,登山、攀岩等典型户外运动项目开始出现,并不断获得新的发展与提高。

18 世纪,欧洲思想得到了空前的解放,这在很大程度上促进了人们对自我思想和实践活动的时间和空间的不断拓展。为了传教,欧洲的一些传教士不得不穿越山区。之后,随着欧洲的自然科学的兴起,一些科学家开始进入山区进行研究。同时,工业革命后形成的社会新阶层中在有了一定的经济基础条件下,为了寻求刺激,部分实业家和企业家开始把登山作为一种休闲方式。

欧洲思想、经济、科学等各方面的大发展为户外运动的产生奠定了良好的社会基础。

随着欧洲思想、经济发展的进步,人们更加渴望去外面的世界进行探索,户外运动在这一时期应运而生,当时,首次登上某座山峰的顶端成为登山者追求的目标。从平缓而容易到达的山顶到有着相当难度的山顶,在登山的过程中,登山者根据当时的需要,开发了一整套技术,尽管当时的登山技术落后、装备简陋,但登山运动作为户外运动中首次被大众认可并积极参与的运动,登山运动热潮广泛兴起并一直保持着良好的群众基础。

二、户外运动的发展

（一）世界户外运动的发展

1. 户外运动走进人们日常生活

户外运动诞生之后，在欧洲广泛流行，并逐渐向世界各地传播，进而形成了全世界范围内以登山热潮为代表的户外运动的快速发展。

户外运动在世界范围内的广泛传播与户外运动其自身与人类现实生活的密切关联具有很大的关系。第二次世界大战期间，户外运动从单纯的体育运动进入人们的现实生活，并作为一项实用性较强的运动存在于人们的战时生活中。

据相关资料记载，第二次世界大战时期，英国的特种突击队为了适应特种地形作战需要，创办了"障碍训练科目"，专门性的户外运动作战训练极大地提高了突击队员的野外作战能力和团队合作能力，并为之后的户外运动中的攀岩和野营运动的发展奠定了技术、技能、运动形式雏形。

此外，第二次世界大战期间海难事件频发，因此，很多学者都将海难作为重要的研究对象，众多学者的研究结果都表现出了一个一致性的结论，即最终促进幸存者得以最终生存、获救的重要因素为心理因素、生活经历、团体合作能力，这些为一些突发事故中的人的生存率的提高奠定了良好的个人素质和能力基础，增加了生存的概率。

随着世界范围内的经济的不断发展，第二次世界大战结束以后，人们有了更多的户外运动闲余时间、精力和经济条件基础，这时的户外运动逐渐脱离军事和求生等特点，逐步发展成为有其自身魅力和特色的运动项目。

户外运动在全球范围内拥有广泛的参与人群，尤其是欧美国家和地区的人热衷于探险和户外锻炼,户外运动成为他们的重要体育参与选择,并逐渐渗透到他们的日常生活中去,成为重要的娱乐休闲健身方式。

2. 户外运动的竞技化发展

户外运动项目的发展时间不长,但是发展迅速。它不仅是各国十分普及的运动项目,还逐步形成新的体育竞赛运动。

1973年,铁人三项比赛首次出现,人们对马拉松比赛、长距离山地自行车和长距离自然水域游泳三个体育运动项目的最严酷运动的争论十分激烈,由此也看出当时人们对户外运动的热衷。在争论无果的情况下,连续参加上述三项体育运动的铁人三项运动比赛诞生。之后在新西兰,平原和山地铁人比赛也分别诞生。

1980年,多项铁人比赛正式创办,包括马拉松、山地自行车、野游、激流皮划艇、山地跑、滑雪。

1983年,新西兰团队昼夜野外比赛正式出现。

1987年,法国记者热拉尔·菲西突发奇想:在陆上开展麦哲伦环球航行历险,这样,更多的人将有机会参与户外运动,这就是越野挑战赛(Adventure Race)的最初构思。此后,经历两年,团体参赛,赛程数日,昼夜兼程,按规定通过数个检查站,不使用任何机械化交通工具的户外运动得以逐渐成形,并得到了赛事赞助。这是户外运动的野外生存与定向越野首次以竞赛形式走进大众视野。

1989年,国际探险越野赛事首次在新西兰南岛举行,此赛事每年举办一次,比赛分为预赛和决赛两部分,第一部分的预赛要进行8~10次;第二部分的决赛是由预赛优胜者来进行。首届莱德加洛伊斯赛(Raid Gauloises),比赛时间定为两个星期。其中有6支队伍,是此次大赛参赛的30支队伍中最终抵达终点的。此后,类似的户外运动竞赛在全世界范围内广泛开展。2002年,莱德加洛伊斯赛在中越边境的山脉与森林中经受了严酷的考验,其行程长达1 000千米,最快完成比赛的队伍用了12天时间。

1993年,艾科挑战赛(Eco-Challenge)诞生,该赛事被大众传媒传播后引起广泛关注,极大地促进了该赛事的发展,后来在2004年因为运作上的困难而停办。

1996年,一年一届的七星越野挑战赛开始举办。1997年,在日本七星烟草财团的支持下,国际管理集团(IMG)、群策业务推广公司和普利斯公关公司在中国举办了七星国际越野挑战赛(Mild Seven Outdoor Quest)。该赛事在亚洲地区引起了广泛关注,极大地促进了亚洲地区的户外运动的发展,可惜的是,2005年因赛事赞助问题而停办。

2001年,首届越野挑战赛、世界锦标赛在瑞士举办,这是世界范围内的户外运动的又一项重要赛事。

目前,世界范围内,欧洲每年都举行众多的大型挑战赛,各种大型越野挑战赛,也称探险越野赛正在全世界盛行。同时,在世界各地,每年都有近百个国家举办户外运动相关赛事,比较出名的赛事有欧洲锦标赛、世界冠军赛等,其他遍及世界六大洲各地的大小赛事上千,在这些赛事中,不仅有专业的职业户外运动选手,也有许多大众户外运动爱好者,各种户外运动赛事极大地推动了竞技户外运动的发展,同时,对大众户外运动也起到了重要的推动作用。

(二)我国户外运动的发展

1. 我国早期户外运动的发展

我国地域广阔,地理环境复杂,这些自然条件为我国开展户外运动奠定了良好的自然资源条件,以我国山体资源为例,位于中国的边界线上的山有世界著名的喜马拉雅山脉和喀喇昆仑山脉以及帕米尔高原,世界上14座海拔8 000米以上的高峰中,有9座在我国。中国内地,海拔1 000～3 000米的山数不胜数。丰富的山体资源为我国登山、攀岩等户外运动的发展奠定了良好的基础。

我国古代就有许多游侠、文学者经常游历山川,这些活动是我国早期的户外运动。

2. 我国现代户外运动的发展

现代户外运动传入我国是在登山史上的"喜马拉雅的黄金时代",以登山运动为基础,我国现代户外运动才逐渐起步。

计划经济时期,我国登山活动由政府组织,一般一次大的登山活动参与人员并不多,一般不超过 20 人,并将科学考察、创登高纪录作为目标。1957 年 6 月,我国登山运动员第一次独立组队——中华全国总工会登山队进行登山活动,登上了四川西部海拔 7 556 米的贡嘎山顶峰。这是我国登山运动史上的一个重要里程碑。

为了进一步促进和规范我国登山运动的发展,1958 年,我国登山运动协会成立,为我国登山运动的发展提供了必要的组织方面的支持。

此后,随着我国社会经济和体育事业的不断发展,以登山运动为代表,我国户外运动获得了快速的发展。登山运动方面,我国登高纪录不断被刷新。慕士塔格山,号称"冰山之父",中国登山队在 1959 年成功登上其顶峰。中国登山运动进入世界先进行列的标志是 1960 年我国登山运动员从北坡攀登珠穆朗玛峰。20 世纪 70 年代,女子登山运动员向 8 000 米以上高度进军。1975 年,一支包括 10 名女运动员在内的中国登山队攀登了珠穆朗玛峰,这是女子登山的一次重大突破。

20 世纪 80 年代,人类登山运动进入了一个新的历史阶段,标志性事件是中国、日本、尼泊尔三国联合跨越珠穆朗玛峰。

1988 年 12 月,中国人去海外登山探险有了新突破,中国三位登山家李致新、王勇峰、金庆民(女)同美国登山家联合一举登上了南极文森峰。李致新、王勇峰从 1988 年开始,历经 11 年,成功攀登世界七大洲的最高峰,为我国登山事业做出了卓越的贡献。

1993 年,首次全国野外运动研讨会在北京召开,指明了我国户外运动的未来发展方向,并积极推动了我国户外运动的普及。

1998 年,第二届全国野外运动研讨会由中国登山协会在昆明召开。

3.21世纪我国户外运动的发展

进入21世纪以后，我国社会经济、文化、体育等各方面都发生了很大的变化，在我国良好的经济、体育形势下，我国户外运动及其相关赛事获得了较快的发展。

2000年8月，"长白山全国大学生登山越野挑战赛"在中国登山运动管理中心的支持下，由中国登山协会在吉林主办。大赛项目包括定向越野、山地跑、露营、岩降等。

2001年中国登山协会做足大量户外运动发展的开拓性工作，并提出了"服务、引导、规范"的方针。此后，"山地马拉松赛""国际山地极限运动挑战赛"等赛事在我国得到了发展，比赛项目涉及多个户外运动项目，如划筏渡湖、溯溪、山地自行车、岩降、器械攀岩、定点穿越等。

2002年11月，浙江德清开展的野外项目比赛，类似于安吉的"越野挑战赛"，由中国登山协会举办。其中，比赛项目增设露营项目。从2003年开始，较之于安吉比赛，难度更大、技术要求更高、路线更长的"中国重庆武隆国际山地越野挑战赛"在重庆武隆县（现为武隆区）举办，该赛事由中国登山协会举办，每年举办一次，比赛项目涉及山间跑、暗河穿越、山地自行车、漂流、划筏渡湖、岩降、攀岩、溯溪、溜索等。

2003年10月，中国登山协会主办的强度最大的一次比赛，即"2003年中国九寨天堂山地户外挑战赛"在四川举办。比赛设在海拔平均在3 000米以上的区域，赛程总距离超过170千米，比赛涉及登山、攀岩、黄河逆渡、徒步穿越、自行车、骑马穿越等运动项目。

2005年10月，在新疆帕米尔高原举行"中坤杯"帕米尔高原户外挑战赛，比赛区域从海拔1 300米至4 300米，赛程总长约200千米，项目涉及越野技能、越野跑、登山、划船、滑沙等。

近十年来，我国每年都有各种大大小小的户外运动赛事举办，除了上述比赛，还有如"江西三清山越野挑战赛""贵州梵净山越野挑战赛"等比赛，很多的地方都将户外运动赛事的举办与本地的体育、经济发展密切结合起来,实现了户外运动和本地经济的融合与协调发展。一些户外运动赛事的名称与宣传口号也充分说明地方对发展户外运动赛事的重视,如 2018 年第 15 届中国重庆武隆国际山地户外运动公开赛暨中国山地户外运动系列赛(重庆武隆)以"健康中国、山水重庆、美丽武隆"为主题在 2018 年9 月开赛,引起了广泛关注。

目前,我国户外运动赛事丰富、涉及各种户外运动项目,这些赛事极大地推动了我国户外运动的发展。

为了促进我国户外运动的持续发展,我国自 2007 年开始进行我国第一期中级户外运动指导员培训,这对我国户外运动的发展发挥了极大的促进作用。在户外运动组织发展方面,我国官方登山组织发展起来的同时,民间登山组织(队)也在慢慢发展,此外,各地高校也积极开展户外运动,武汉市中国地质大学,本科设有户外运动专业,招收学生,开始系统地培养高等户外运动人才。我国近 25%的高校相继在体育课程教学中增设了户外运动类教学内容。许多高校开设了不同形式的户外运动类课程,高校户外运动的开展,为我国户外运动的科研服务,为科学考察服务,为我国登山运动培养了许多后备运动人才和优秀管理者。

现阶段,我国户外运动以我国良好的体育教育、体育经济发展背景和基础正在呈现出持续可喜的发展态势。

第三节 户外运动的概念、分类和特点

一、户外运动的概念

(一)广义的户外运动概念界定

从广泛意义上对户外运动进行概念界定,可以从户外运动的"户外"的"运动"这一宽泛的角度进行理解。

所谓户外,是指走出家门。现今,可以将户外理解为与城市生活相对立的生活形态。

户外运动,顾名思义,就是"走出家门在户外环境下开展的运动",这一理解对户外运动的范围界定非常宽泛,并且具有直观性。广义的户外运动不仅仅是一项探险和挑战,更多的是使人放松,归于平静,在运动中放松身心。

简单来理解,广义的户外运动,是指在户外自然环境中开展的各种体育运动。

(二)狭义的户外运动概念界定

狭义的户外运动,是一类专门性的特殊的运动,具体是指能被普通大众所理解的,即在自然环境中,通过参与者自身努力,克服了一定的自然条件的局限性、制约性,从而顺利完成的运动。

大众一般认知上的户外运动是一类户外开展的体育休闲、探险运动的总称,包括登山、露营、穿越、攀岩、蹦极、热气球、溯流、拓展、滑翔、攀冰、定向、潜水、远足、滑雪、漂流、冲浪、滑草、高山速降、自行车、越野山地车、飞行滑索等运动。

学者们从学术角度对户外运动进行研究,对户外运动的概念进行界定,目前还没有实现普遍的户外运动概念的统一描述认识。2003年,国家体育总局登山运动管理中心主任李致新在其研究报告《户外运动的健身意义及其规范化》中称"户外运动是指在自然场地(非专用场地)开展的户外运动活动。"从运动场地角度对户外运动进行了概念界定。同年,登山运动管理中心户外运动部主任李舒平在《登山户外运动在户外运动领域中的研究与对策》一文中指出:"户外运动是一组以自然环境为场地(非专用场地)的带有探险性质或体验探险的体育运动项目群。"

目前,不仅是我国,就全世界范围来看,国内外还没有一个确切统一的户外运动定义。结合国内外有关专家的认识和见解,分析界定户外运动的概念只能尽量对户外运动进行特征的归纳,并以此来实现对户外运动的概念的界定。

通过上述分析,可以从以下角度来理解户外运动。

①从运动环境来说,户外运动以自然环境和人工非运动目的的建筑物,包括公路、桥梁和楼房以及塔等为场地。户外运动不同于其他体育项目,户外运动是以自然环境为运动场地的。

②从运动参与目的来说,运动者参与户外运动以提高竞技水平和健身为目的,并且带有探险性质的运动体验。户外运动是不同于旅游的,其本质特征是进行体育运动和冒险。

③户外运动是一类体育运动项目群,而并非单一的体育运动项目。

二、户外运动的分类

(一)户外运动的分类因素

对户外运动进行分类,首先应了解户外运动的开展形式与方式,如此才能发展不同户外运动的共性,并在此基础上对户外运动进行科学分类。

现阶段,随着户外运动的发展,户外运动的项目与内容也日渐丰富。结合不同的丰富多彩的户外运动形式,可明确户外运动项目划分的以下因素。

①垂向运动。也就是必须有垂向的移动,如登山、攀楼、攀岩等。

②水平运动。也就是平面上的移动,如徒步、自行车、穿越、器械运动等。

③随机能力。户外运动的开展往往伴随着各种突发事件,因此,户外运动的进行需要有随机应变的能力,如野外生存、徒步等。

④心理能力。户外运动在户外自然环境中开展,具有挑战性和冒险性,在运动的过程中会有重重障碍,要经历许多的困难并

克服这些困难才能完成整个运动,因此,要求参与的人要做好克服各种障碍的心理准备,如各种生存、穿越项目。

（二）户外运动的项目分类

发展到现在,户外运动的内容丰富,形式多样,根据不同的分类标准可以将户外运动分为多个种类。

1. 根据组织形式和目的性划分

①群众性登山户外运动。
②探险体验性培训。
③探险越野赛。

2. 根据环境特点和技术特点划分

根据运动环境,可以将户外运动划分为多个不同的运动项目,是指各种具体的体育运动项目,如山地自行车、攀岩、登山、漂流、冲浪、热气球等。

3. 根据运动开展的自然场地划分

①山地户外运动。
②海岛户外运动。
③荒漠户外运动。
④高原户外运动。
⑤人工建筑户外运动。

不同自然场地上的户外运动细分参见表1-1。

表1-1　户外运动按自然场地的分类

大项	系列项目
山地户外运动	丛林定位与定向、丛林穿越、丛林宿营、丛林急救等
	峡谷溯溪、溪降、渡河、漂流等
	岩壁攀岩、岩降、攀冰等
	其他群众登高活动

续表

大项	系列项目
海岛户外运动	荒岛生存运动:觅食、觅水、宿营、联络、求援等
	滩涂运动:滑沙、沙地(上升器)拔河、结绳负重等
	峭壁运动:海上攀岩、悬崖跳水、溜索等
	近岸水域运动:木筏环岛、水中滚木等
荒漠户外运动	沙漠运动:沙漠穿越、沙漠生存等
	戈壁运动:戈壁穿越、戈壁生存等
	荒原运动:穿越项目、生存项目等
高原户外运动	高山探险运动:登山、高山滑雪等
	高原探险运动:高原徒步、高原峡谷穿越、江河源头探险
人工建筑户外运动	垂向户外运动:攀楼、攀塔等
	水平户外运动:自行车、汽车公路穿越、公路徒步穿越、公路穿越等

4. 根据竞技性质划分

从体育竞技的角度来认识户外运动,可以将户外运动进行不同竞技类体育的运动分类,具体包括四类,各类竞技运动细分参考表1-2。

表1-2　户外运动按体育竞技角度的分类

大项	细分项目
山地运动	登山、攀岩、攀冰、山地(定点)徒步越野、岩降、器械越野、滑雪等
峡谷运动	溯溪、溪江、搭绳渡河、山涧漂流等
野外生存	露营、生存技能、自救互救、救援等
荒漠运动	荒漠定位与定向、畜力越野、非动力机械越野、徒步越野、信号与联络等

三、户外运动的特点

（一）自然性

自然性是户外运动的一个最为显著的特点，运动本身是在自然环境中进行的，这是户外运动的自然性的根本表现。其自然性决定了户外活动的基本特征，如回归自然，人与自然相适应。

现阶段，社会发展迅速、生活节奏快，在各种压力的"压迫"下，现代人比以往任何时候都更加渴望亲近大自然，而户外运动的自然运动环境，使得户外运动成为现代人寻求身心解放、促进身心发展的运动休闲与娱乐首选。

在户外活动参与过程中，运动者在与大自然的接触中，不仅能够使身体得到运动锻炼，还能净化心灵。

（二）探险性

户外运动特殊的户外自然运动环境使得整个运动过程将会受到更多的客观和主观的因素的影响和干扰，整个户外运动过程充满了更多的未知性，户外运动结果也具有不可预估性，正因为如此，户外运动带给运动者的这种不可预知和不可预估性能激起人们的挑战心理，不同程度的挑战使运动充满探险性。

概括来讲，在探险的运动过程中，不仅会激发人们的上进心和求知欲，还能挖掘人们的潜能，整个户外运动参与过程可使运动者增强自信心、强化意志品质、提高实用运动技能，使运动者学会更加和谐地与自然、与其他社会成员、与整个社会相处。

（三）挑战性

户外运动的探险性与户外运动的挑战性是相辅相成的，正是由于户外运动中各种冒险性质的运动因素的存在，才使得户外运动的参与对运动者来说具有一定的挑战性。"挑战极限，完善自我"是户外运动中最常用的口号。

许多在极端的自然环境中开展的户外运动,对户外运动者的人体极限具有挑战性。户外运动并非一般的比赛,而是需要人们一天或者一周甚至更长时间去努力奋斗挑战极限,其对户外运动参与者的挑战是多方面的,表现在体能、技能、心理等多方面。

(四)集体性

户外运动包括多种不同类型的体育运动项目,在这些体育运动项目中,很多户外运动项目都是以团队的形式开展,在团队成员的共同努力下完成的,而非一个人在进行的运动。户外运动的集体性表现在运动中团队的合作精神。

在户外运动的开展过程中,运动者作为个人融入整个运动团队中,整个运动团队作为一个集体,有了统一的思想和步调,相互帮助,关心同伴,同甘共苦,才能更好地发挥出集体的团队精神,取得运动最后的成功。而在这个集体里的每个人也都能通过这项运动收获最真实的情感和深厚友谊。

(五)教育性

体育运动有多元教育价值,户外运动作为一类特殊的体育运动也具有重要的教育价值。在户外运动的体验过程中,不仅能学习到许多书本上无法获取的知识,还能使人们的整体素质得到全面提高。如今,挑战体验培训和拓展训练的系统课程已经相继发展起来,并在多方面发挥着重要作用,如企业管理、团队建设、发挥潜能和康复治疗以及社区建设等。

总之,户外运动在人们的身体素质、心理素质、思想道德素质的全面发展和提高上具有重要意义。

户外运动的重要教育价值也使得越来越多的学校重视通过开展户外运动、将户外运动引入学校体育教学来促进学生的健康全面发展。户外运动作为一种新型体育课程,符合现代"以人为本"的教育观,得到了教育界的一致认可和推崇。据不完全统计,目前我国开设户外运动相关课程的高校已有百余所,其课程相关内容主要包括定向越野、拓展、攀岩、野外生存等。

(六)综合性

这里所说的综合性,是指户外运动对运动参与者的运动知识、经验、技能、心理等多方面素质的综合性要求。

户外运动要求参与的人不仅要有生活的基本常识,还要有相关的科学基础知识和专门的技术技能以及处理突发情况的快速应变能力,例如参与户外运动,其需要全面的体能和应变、应急能力,如走、跑、跳、攀上、下降、上山下水、抗热耐寒等。

(七)效益性

户外运动的运动效益是多元化的,表现在经济、社会、文化、环境等多个方面。

1. 户外运动与个人发展

就户外运动参与者个人而言,户外运动有利于人们的身心健康发展。

2. 户外运动与经济发展

就户外运动与经济发展的关系来说,如今的户外运动广泛开展,扩大了体育消费市场,带动着相关产业的发展,也给人们的就业提供了机会。

在经济全球化发展的条件下,户外运动已经作为户外运动产业在全世界各地普及与快速发展,并且逐渐发展成为全世界最具前景的行业之一。在欧美的经济发达国家,户外运动产业是作为这些国家支柱性产业之一的,其存在具有不可或缺的意义。在我国,户外运动的起步比较晚,但是,相关产业的形成和发展在经过近二十年的发展过程中,从最初该产业主要以销售装备和器材以及代理其他国家的户外运动品牌,到现在逐步形成了户外装备制造、户外运动表演竞赛和相关服务培训项目以及旅游业等的市场,有效地增长了经济,从而加快了国民经济的增长速度。

户外运动具有重要的经济发展促进价值,户外运动开展可实现良好的经济效益。

3. 户外运动与文化发展

就户外运动与文化发展的关系来说,户外运动开展能在全社会范围内形成一种健康的体育观、生活观,能营造健康的社会文化氛围和体育精神及文化社会环境,可促进我国体育文化的发展。

4. 户外运动与整个社会的发展

就社会发展来说,基于上述户外运动对社会各要素的促进,户外运动的发展有助于促进整个社会的发展。从某种意义上讲,户外运动是促进社会发展、构建和谐社会的重要手段。

5. 户外运动与自然环境可持续发展

户外运动可有效促进全民健身运动的发展以及人与自然和谐发展。

科学开展户外运动,帮助户外运动者树立正确的环境观念,有助于扩大人们对环境保护的重视。户外运动与大自然的亲密接触,在让人们体验到回归自然的美好的同时也加强了人们的环境保护意识。环境保护在构建人与人、人与自然和谐共处的和谐社会中有着重要的作用。社会经济的快速发展,使很多大自然的东西都正遭受着环境污染的危害,户外运动在野外进行的时候,提倡不留垃圾,只留脚印,还原大自然最初真实的样貌,这就是对环境保护做出的积极的响应。

需要特别指出的是,当前,在户外运动开展和户外运动的自然运动环境开发方面,对于环境的保护还有很多不足之处,为切实做好环境保护工作,需要努力的还有很多。人们参与户外活动,享受大自然带来的美好,也激发着人们更加珍爱大自然,善待大自然环境的意识和信心。

第四节　户外运动开展所需的器材与装备

一、户外运动的专业运动器材

青少年学生群体参与户外运动,结合不同类型的户外体育运动内容,应准备相应的户外运动器材,如在登山、攀岩等户外运动中,学生应携带必要的保护装置、升降器材等。

参与户外运动期间,器材准备和穿戴应有专业运动员和教师的指导,以确保学生在户外运动过程中的运动安全。

二、户外运动的一般装备

(一)生活装备

户外运动参与过程中,一些需要跨越昼夜的长时间参与的户外运动项目需要运动者(团队)自行解决一些基本的户外生活问题,这就需要一些用于野外生活的可携带的便携式生活器材,以满足户外运动期间的基本生活需求。

具体来说,针对青少年学生群体的户外运动的开展,一般来说,开展户外运动的自然环境不会特别原始,环境条件也不会十分极端和恶劣,因此,相应的户外生活器材也比较简单,主要涉及炉具、餐具、服装等。

此外,还包括以下常见用具。

1. 刀具

根据大小,户外运动中所使用的刀具主要有两种:小刀和大刀,前者可折叠,并配有一些如开瓶器、小镊子、锯子等;后者刀锋一般长 30 厘米左右,用途广泛,可用于户外砍柴、盖棚子、扎筏、猎杀动物等。

2. 钳子

钳子小巧,重量轻,便于携带,在户外用途广泛,如用于挖建炉灶、搭建庇护所等。

3. 行军锹

行军锹在进行户外活动时的用途很广,它可以用来挖坑、挖排水沟、防御动物攻击等。

4. 锯

在户外运动中,锯是搭建庇护所、生篝火、制作木筏的一种好工具,在组合刀具中十分常见。

5. 灯具

户外运动所用灯具有两种:一种用于照明,如手电筒;另一种用于求生,如闪光信号灯。

6. 信号工具

①哨子:通过特定声音组合发出求救信号。

②信号枪:通过发信号弹来引起周围人的注意,需要经过相关部门的批准才能使用。

③气球:可发出信号,保存怕潮湿的物品,还可以用于装水、漂浮、捆绑、止血等。

④反光镜:借助太阳光线发出求救信号。

(二)定向装备

开展户外运动时,置身于较大范围的自然环境中,需要学生具备一定的辨向能力和技能,例如野外生存、定向越野等运动,在这些运动中,通过一些装备可帮助学生在户外运动中正确辨别方向。

1.指南针

(1)指南针的正确使用方法

①水平放置指南针,气泡居中,磁针静止后,标有"N"的黑色一端所指即为北方。

②指南针水平静止,将照准器对准目标,或将刻度盘上的0刻度对准目标,使目标、0刻度和磁针中点在同一直线上,N端所指的刻度便是测量点至目标的方位,如磁针N端指向30°,则目标在测量位置北偏东30°。

(2)罗盘

罗盘是指南针的一种类型,也称"分度规指南针",与指南针相比,罗盘增加了刻度盘和标尺(图1-1)。罗盘可指示方向、确定自己的位置、测量距离、校正前进方向等。

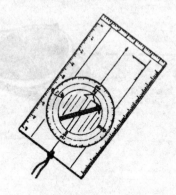

图 1-1

罗盘的正确使用方法如下。

①先用罗盘上的指南针找到正北,并将地图按照上北下南的位置放好。

②地图上找出自己所在位置和目的地位置,并在两点间画一条直线。

③将罗盘底座的边缘与直线重合,此时边缘刻度会将地图上两点之间的距离测量出来,然后通过比例尺可以将两点之间的实际垂直距离换算出来。

④读出指针与直线之间的夹角数,即前进方向角。

2. 手表

参与户外运动过程中,可以根据手表来将方向确定下来。具体使用方法如下。

①在上午9时至下午4时之间,根据"时数折半对太阳,'12'指北"的普遍认知确定方向。例如,上午9时,以4时30分的位置对向太阳;下午2时40分(即14时40分),以7时20分的位置对向太阳,此时"12"所在方向即为北方。

②为确保辨向的准确性,在"时数折半"的位置上竖一草棍,使其阴影通过表盘中心(图1-2)。

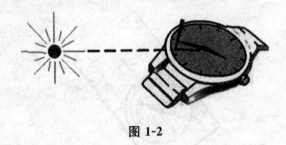

图 1-2

3. 金属丝

运用金属丝辨向的具体操作方法如下。

①用细的金属丝(缝衣针也可以)在头发、化学纤维上摩擦,使其产生极性。

②将金属丝悬吊或者漂浮,以减少阻力,金属丝静止后可指示出南北(图1-3)。

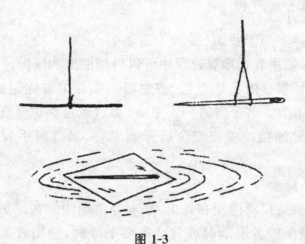

图 1-3

4. 卫星定位系统

卫星定位系统(Global Positioning System,简称 GPS)是目前较为先进的定位仪器,其工作原理为:以高速运动的卫星瞬间位置作为已知起算数据,采用空间距离后方交会法确定待测点的位置。使用 GPS,按照说明书进行操作。

(三)攀登装备

1. 保护性装备

保护性装备包括主绳、安全带、铁锁、头盔、保护器、上升器等。

(1)头盔

头部是人身体最重要的部位,为了防止在户外运动中发生头部伤害状况,应携带专业的头盔(表 1-3)。

表 1-3　户外运动头盔类型

头盔类型	使用范围
轻质头盔	用于攀岩、滑雪等活动中
硬质头盔	用于探洞、溯溪、登山等活动中
混合式头盔	应用最为广泛,适用于多种户外运动

（2）上升器

上升器多用于登山、攀岩等活动中，主要作用是协助使用者向上运动，使用者在攀登过程中可以得到助力和保护。

上升器攀登的具体方法：将主绳一端在上方固定好，另一端扔到岩壁下方。将上升器扣入主绳，然后通过保护绳套、铁锁、下降与安全带连接。检查安全后开始攀登，攀登时手和脚要协调配合。

（3）下降器

下降器被广泛应用在登山、攀岩等活动中。在保护和下降过程中，当被保护者脱落时或自己需要下降时，使用者可以通过以较小的力来削减大的力，保证攀登者的安全。

（4）保护点装置系统

保护点装置系统包括绳套、铁锁、挂片、膨胀螺栓、岩石锥、机械塞等装备。使用辅助绳安装保护系统的方法较多，常用方法有两种：第一种是将绳套平均分担受力，优点在于当一个固定点脱时另一个还会拉住，比较安全。两个固定点的角度最好是60°。第二种是将绳套打成绳结。

（5）安全带

安全带在户外运动中对运动者的生命安全起着重要的保护作用，科学、规范地使用安全带应注意使用前仔细检查是否牢固，坠落时的张力必须在安全带的承受范围之内；正确拴挂，高挂低用，多人共用应保持间距，避免坠落时相互碰撞。

（6）铁锁

铁锁，又称钩环、主锁等，是户外运动中用途最广、不可缺少的基本装备之一。铁锁的主要作用是在进行攀登时用来连接保护系统的各个点。

2. 辅助性装备

辅助性装备包括攀登鞋、镁粉、粉带等。

（四）渡河装备

根据渡河的方式不同，所使用的装备也不同，具体分析如下。

1. 一般渡河

渡河时，常用保护装备用具有长棍（或帐篷杆、竹竿等）、保护绳等，其作用为防止渡河者滑倒或者被河水冲走。

单人渡河时，可用一根长棍（或帐篷杆、竹竿等）撑着河底渡河，木棍的支点应在水的上游一侧，并与两脚一起形成三个支点，固定两个支点后再移动另一个支点。如果水流湍急，渡河时可两人配合，渡河者在腰间系上保护绳（图1-4）。

图1-4

双人一起渡河，要相互扶持，两人步调必须一致，注意保持身体平衡（图1-5）。

多人渡河，三五人一组，站成一列横队，身体强壮者位于上游方向，成"墙式"渡河。或围成一个圆圈，朝水流方向像车轮一样地转动横渡（图1-6）。

图 1-5

图 1-6

2. 牵引渡河

适用于流水湍急,水底多尖石,水深,水温低,水面不宽的水域。渡河前,将绳的一端固定在河岸大树上,一人绕道或涉水将绳的另一端固定在对岸的树上或地上,使牵引绳两端有高低落差,其他人员用滑车或铁锁在牵引绳上滑行渡河。

3. 木筏、竹筏渡河

河流较宽或水深流急时,可就地取材制作漂渡工具如木筏、竹筏等渡河(图 1-7)。

图 1-7

第二章 阳光体育视域下户外运动的多维价值解析

　　户外运动在户外大自然环境中开展,与室内体育运动相比增添了更多的趣味性,同时由于其亲近自然、沐浴阳光的特殊运动环境,能更好地促进运动参与者的身心健康和全面发展。从阳光体育角度看,户外运动具有多维价值,青少年学生群体参与其中,能很好地实现自我的体育学习需求、体育发展需求,更能实现身心与社会性的全面发展,对于青少年学生群体和整个社会而言,都具有重要的意义。本章基于青少年学生身心特点进行深入分析,从户外运动与青少年学生身心发展的契合性和促进性入手,对阳光体育视域下户外运动的教育价值进行研究,并详细阐释了户外运动参与对于促进青少年的全面发展的价值体现,从而为青少年学生明确户外运动的参与目的、价值与意义提供理论指导,进而促进青少年学生群体积极参与户外运动实践。

第一节 青少年学生身心特点分析

一、儿童少年学生的身心特点

　　从年龄阶段来划分,儿童少年一般是指7~17岁的年龄群体的人,此类人群可再细分为学龄儿童(7~12岁)和少年(13~17岁)。不同年龄阶段的儿童少年在生理和心智方面表现出一定的年龄阶段差异性,但整体来说,7~17岁的儿童少年的身心特点和发展表现出更多的相同特点和规律。

（一）儿童少年的生理特点

1. 生长发育

儿童少年处于生长发育的高峰期，身体的骨骼发育比较快，通常表现为身高的发育要比体重的发育速度快，多呈现细长型。

研究表明，儿童期从 7 岁开始会出现一个小生长突增，青春期会出现第二次加速生长，青春期生长突增可以用身高年增长最大值（PHV）和身高增长高峰年龄（PHA）来表示，PHV 与 PHA 存在性别差异，男子的 PHV 较女子高 1～2 厘米；女子的 PHA 早于男子 1.5～2 岁，多出现在 12 岁左右。PHV 与 PHA 的性别差异导致在生长发育过程中，男、女身高的增长出现了两次交叉。第一次交叉出现在 9～10 岁，女子的 PHA 早于男子，此后，女子身高超过同龄男子；第二次交叉出现在 14～16 岁，此后，男子身高一直高于女子。

体重方面，与身高相比，儿童少年体重增高的高峰阶段没有身高那样明显，但增长的时间比身高长，增长幅度较大，性成熟期之后体重仍继续增长。

需要特别指出的是，由于近年来受到饮食结构和生活习惯的影响，我国儿童少年中多有"小胖子"出现，体重严重超过标准体重，这是我国儿童少年群体所面临的一个重要的体质问题。

2. 生理机能

在儿童少年期，该年龄阶段的有机体生理系统发展表现出一定的共性，各生理系统的生理发展特点具体分析如下。

（1）神经系统

神经系统是人体中发育时间比较早的一个系统，从 6 岁开始，神经纤维分支的增多速度和增长速度会十分快，神经系统传导会更加精准及时，7 岁之后神经突触分支会越来越密集，大多数神经环路已形成，运动的准确性与协调性会大幅度提高。

（2）呼吸系统

和其他生理系统的生理发展相比，儿童少年的呼吸系统的生长发育要稍微迟缓一些。

和成年人相比，儿童的胸围、呼吸差、肺活量、呼吸肌力量都较小。

（3）运动系统

从人体运动系统的构成成分来对儿童少年运动系统生理特点的分析如下。

骨骼是人体的一个重要组织，儿童的骨组织中富含水分与有机物，但无机盐却比较少，两者的比例是 5：5 或 3：7。因此，儿童的骨骼弹性大而硬度小，柔韧性较好，因而不易完全骨折，但易弯曲变形，需要引起关注。

肌肉方面，与其他年龄阶段的人相比，儿童的肌肉中水分较多，蛋白质与无机盐含量较少，收缩蛋白比较少，肌纤维间的间质较多，因此，儿童少年的肌肉具有良好的柔软性。相较于成人来说，儿童期的肌肉收缩能力较弱，耐力差，易疲劳，但恢复速度相对较快。此外，儿童少年的肌肉发育也具有"大肌肉发育早，上肢肌肉比下肢肌肉领先，屈肌比伸肌大"的特点。

关节方面，儿童少年的关节面的软骨有一定的厚度，关节系统的各组织均具有良好的伸展性，关节附近的肌肉纤细且薄弱，这些特点使得儿童少年的关节与成年人相比，具有更好的灵活性与柔韧性，但是，同样的，关节的稳定性与牢固性相对较差，关节易脱位，这点应特别注意。

（4）心血管系统

儿童的心脏重量和心脏容积小，心脏每搏输出量与每分输出量都比成年人小很多，心搏频率相对较快。心肌纤维短且细，弹力纤维分布不多，心脏瓣膜还需进一步发育。

血液循环方面，儿童的血量和体重之比比成年人高，血压比成年人要低，血压会随着年龄的增长而有所升高。

3. 青春期发育

从 13 岁开始,儿童少年逐渐进入青春期,在青春期阶段,儿童成长为少年,并表现出明显的青春期生理特点。

伴随着青春期的到来,少年的第二性征发育逐渐突现,女孩比男孩的青春期要稍早一些,男女青春期一般分为三个阶段(表 2-1)。

表 2-1 人体青春期的三个阶段

青春期	女孩	男孩
青春前期	10~12 岁	12~14 岁
青春中期	13~16 岁	14~17 岁
青春后期	17~23 岁	18~24 岁

青春期的少年在性别上表现出明显的生理差异,这些特点构成了青春期少年的第二性特征(表 2-2)。

表 2-2 男女青春期第二性特征

	女	男
肌肉、脂肪	乳房发育 髋部变宽,脂肪(胸、乳腺和臀部)沉积 皮下脂肪丰富	肌肉发达、肌肉强健有力 皮下脂肪减少
骨骼、身高	身高增长较快 身高增长期出现早	骨骼更加坚硬 身体高度增长较快
声音、外貌	声调提高 声音变细	喉结增大突出 声音越来越粗 胡须开始变长
性器官	子宫、卵巢发育 月经初潮	性器官发育 遗精等

4. 身体素质发展

儿童少年的身体素质随着年龄的增长会出现不同的增长特

点,并在不同的年龄阶段表现出快速发展的特点,一般称之为身体素质发展的敏感期(表 2-3)。

表 2-3　儿童少年身体素质发展的敏感期

身体素质	敏感期/岁	身体素质	敏感期/岁
力量	13～17	耐力	16～18
柔韧性	6～12	灵敏性	10～12
反应速度	7～12	速度	7～14
模仿能力	7～12	协调性	10～12
平衡能力	6～8	节奏	10～12

男女儿童少年的不同身体素质的敏感期出现的具体年龄细分阶段不同,同时在身体素质发展方面,存在着一定的性别差异,如男子的力量、速度、灵敏素质要普遍好于女子,而女子的耐力、柔韧要普遍好于男子,到成年以后,身体素质发育的这种性别差异将会更加明显。

（二）儿童少年的心理特点

儿童少年的心理发育和发展表现出很大的不稳定性,具体表现在儿童少年的阅历少、好奇心大,容易受外界引导和干扰。

思维方面,随着儿童少年认知和不断接受新事物,儿童的形象思维逐步过渡为逻辑思维。并且随着知识的不断丰富,其思考的目的性、独立性和灵活性也有了一定程度的提高,但仍不能完全脱离父母和老师的指导和帮助。

青春期的少年可表现出明显的叛逆心理。

二、青年学生的身心特点

现代医学认为,18～44 岁是青年期。青年学生主要是指18～25 岁的青年,多为高校大学生。青年期是人一生的黄金时期,生理发育达到人生的顶峰,青年人富有朝气和活力,在心理方面也表现出积极向上、多样化的特点。

(一)青年的生理特点

1. 身体形态

整体来看,青年学生的身体形态各方面发育成熟,身体各生理指标发展成熟,整个身体正在进入一个缓慢发展的时期。

身高方面,我国女子到 17 岁、男子到 19 岁,其增长的速度日趋缓慢,直至完成骨化而终止。

体重方面,一般来说,女子到 18 岁、男子到 20 岁时,体重基本趋于稳定。大学时期,男女生体重变化不大。

性发育特征方面,大学生时期,男女生的生理形态有明显的性别差异,具体表现为男子上体宽粗、骨盆窄、下肢细,女子上体窄细、骨盆宽、下肢较短粗。

大学生的年龄形态发育特点和特征均表明大学生的生理发育趋于成熟,能承受较大的运动负荷,为进一步提高身体素质、适应更复杂的环境奠定了良好的生理基础。

2. 生理机能

(1)神经系统

青年大学生的神经系统已经达到成人水平,从生理发育来看,进入神经系统的生理发育高峰。

青年大学生神经系统发育的内在生理表现为大脑发育成熟,大脑皮质中的兴奋和抑制两个过程发展均衡,神经过程的灵活性、抑制功能提高。此外,青年时期,大学生大脑发育处于脑细胞构成联系的上升期,皮层细胞活动在数量上不断增加,神经元联系不断扩大,第二信号系统的最高调节能力,使得第一信号系统和第二信号系统之间取得较为完善的联系,这一不断完备的物质条件有利于大学生思维的发展。

需要注意的是,大学生阶段,机体的内分泌活动会有所变化,主要表现在性腺活动会得到加强,这就会在一定程度上影响其神经系统的稳定性,使其动作协调能力出现暂时性的下降,女子更明显。

青年大学生的神经系统发育特点决定了其能从事更加复杂的脑力工作,并能适应复杂、剧烈的运动中的能量消耗。

(2)心血管系统

心血管系统的主要功能是使体内的物质运输得以顺利完成,对人体代谢所需的氧气与能量物质进行运输,同时也对代谢产物进行运输,使机体新陈代谢的正常进行有所保障。大学生的心脏重量约为 300～400 克,心脏容积达到 240～250 毫升,心跳频率为每分钟 65～75 次,血液量占体重的 7%～8%,每搏输出血液量约为 60 毫升,心脏在形态结构和功能作用上均已达到成人水平。

青年大学生的心脏形态、结构等的发育成熟,使得青年大学生能够对一定的运动负荷加以承受。

需要指出的是,由于个体发育的差异,一些大学生的心脏发育速度快,血管相对发育落后,加上受机体内分泌的影响,可导致高血压症,这一现象为青春期高血压,其随着年龄的增长和机体内环境的协调可自然消失。

(3)呼吸系统

和儿童少年相比,大学生的呼吸系统向着不断完善的趋势发展,具体表现在:肺脏横径和纵径值不断增加,肺泡体积也随之不断增加,男生在这一方面表现得较女生显著。此外,呼吸肌功能不断增强,肺泡体积也随之增加,呼吸频率有所下降,而深度不断加大,由于呼吸肌功能增强,频率减慢,深度加大,肺活量增大,呼吸系统发育日臻完善。

根据调查,我国大学男生的肺活量一般为 3 800～4 400 毫升,大学女生的肺活量一般为 2 700～3 100 毫升。

(4)运动系统

青年大学生的身体骨骼骨化基本形成,骨骼坚固,且有弹性,不易骨折,身高增长缓慢,并处于一个较为稳定的时期。与儿童少年相比,肌肉中的水分逐渐减少,蛋白质和无机物逐渐增多,肌力增长明显,基本接近成人水平,能较好地完成各种体育运动的技术动作,而且关节保持了灵活性,且不易脱臼。

3. 身体素质发展

与年少、年长者相比,青年大学生各项身体素质处于一生中的水平较高时期,力量素质和速度素质都处于较高水平,能够承受较大的运动负荷的体育健身锻炼。

此外,男女身体素质表现出一定的差异,女性的耐力素质、柔韧素质和男子相比要更好一些。

(二)青年大学生的心理特点

青年大学生的心理处于一个不断发展成熟的时期,表现出以下心理特点。

1. 性格

性格,是指一个人对现实的稳定态度和习惯性的行为方式。大学生在这个年龄阶段,其个性倾向基本已经形成,同时其自我意识也在不断发展,这点突出体现在大学生人生观、价值观的基本确立上。性格的稳定也是心理健康的重要标志之一。

尽管大学生的性格基本趋于成熟,但是在某些时候仍会表现出不成熟、幼稚、对事物判别不明的情况发生,性格还需要进一步引导完善。

2. 自我意识

自我意识是指个体对自己身心活动的觉察,以及由此形成的对自我的情感。自我意识的形成与发展是个体社会化的过程,是个体从周围人们对自己的期待和自我评价过程中由主观体验而发展起来的。

随着知识和阅历的不断增加，大学生的自我意识会越来越清晰，能正确认识"真正的自我"，在自我意识方面表现出以下特征。

①自我认识的自觉性和主动性较强，能根据他人对自己的各种态度来正确评价认识自己，自我评价的客观性有所提高，但有时会过分在意他人评价而陷入困局。

②自尊心突出，乐于接受表扬，但是抗拒批评，尤其难以忍受嘲笑。

③自信心强，在接受新鲜事物时表现出自信满满、不甘落后，渴望成功。

④自我控制愿望增强。表现为有了明显的自觉性和主动性，并逐渐根据社会标准、社会期望、社会条件等有所转移。

⑤渴望独立，对于父母和老师对自己的一些关怀和照顾会表现出不耐烦，对于长辈的过于保护和干预会产生强烈的不满。

3. 情感

青年大学生的情感丰富，爱憎分明。他们不再像中小学生那样天真、淳朴，而是随着年龄和阅历的增加，逐渐将更复杂的东西掺入到了情感之中。他们的情绪波动性逐渐减弱，具有一定的人生理想和抱负，形成了一定的价值观念，对事物有了一定的态度，形成了稳定的个性特征。

社会心理方面，大学生周围的人，在这一阶段已不再完全把他们当作小孩，开始承认他们的独立性要求，也比较重视他们的社会地位。因此，大学生不仅具有多种生理变化带来的复杂心理体验，还因为家庭、社会对于他们态度的改变而提高了自信心，对家庭、社会拥有着更多的情感寄托和付出。

4. 思维

大脑生理发展的成熟为青年大学生的思维发展奠定了良好的物质基础，大学时期，大学生掌握了更多的知识，学习到更多的技能，接触到更多的人和事，使得大学生的思维日渐缜密，大脑分析事物能力日益增强,想象力丰富,思维活跃多变,并能够举一反三地快速接受新鲜事物。

此外,伴随着思维的发展,大学生的认知、观察、记忆能力都会获得良好的发展。具体来说,观察力显著提高,能够观察注意到细微事物和现象;记忆力处于最佳时期,能够快速持久地记忆事物和有效信息。

5. 意志品质

意志品质是个体的果断性、坚韧性、自制力以及勇敢顽强的精神。青年大学生的意志品质明显增强,具体表现为能主动、自觉地克服困难,在行动中能够清晰地意识到自己行动的目的性和社会意义。

但是,大学生意志品质的发展仍然有不稳定的表现,尤其是真正遇到挫折或困难的时候,往往表现出优柔寡断、草率或武断。

整体来说,青年大学生的意志力和自控力有了较大程度的提升,但有时也会有易冲动的问题。

6. 成人感

青少年在心理上渴望成熟,同时其身体和心理发展都趋向于成人化,这使得青少年自身往往将自己当作成人看待,渴望融入成人的世界,承担一些成人在社会领域的责任和受到社会对待成人的同等性待遇。

但是,必须指出的是,由于青少年的知识和经历、经验有限,青少年的生理发育可能已经接近或达到成人水平,但是其心智却并不能与成年人相比,这就使得青少年的心理会产生成人感与幼稚性的矛盾。具体来说,身体的快速发育使青少年在对人、对事的情绪、态度、情感的表达及行为内容、方向上表现出明显的成人化变化,渴望社会成员的成人式信任和尊重,但同时,青少年的认知、思想、社会经验都缺乏成人的成熟性,表现出方式、方法、责任感的不足。承认感与幼稚性的并存表现出青少年心理的冲突与矛盾。① 青少年的成人感与幼稚性的矛盾具体表现在以下几个方面。

①反抗性与依赖性：独立意识的崛起和在生活、思想方面对父母、教师的依赖。

②闭锁性与开放性：心理生活丰富，但外在表露较少，渴望受到外界的理解，但是又对外界不信任、不满意。

③勇敢与怯懦：面对新事物表现出初生牛犊不怕虎的勇敢品质，但主观意识的顾虑、思考较少，存在行为的鲁莽和冒失性。还有一些青少年在公共场合不够大方、坦然和从容。

④高傲与自卑：主要表现为对自身认识得不全面、不客观。如一次偶然成功的沾沾自喜和失败后的妄自菲薄，两种情绪可交替出现。

⑤否定童年与眷恋童年：在身体的成长发育和意识的独立作用下，青少年渴望和幼年的自己划清界限，表明自己的成人化，但是又充满对同年的无忧无虑的眷恋，抗拒新的生活、学习任务。

第二节　阳光体育视域下户外运动教育价值的体现

在阳光体育视域下，户外运动的教育价值体现在多个方面，这里主要从宏观角度对户外运动的开展对学校体育教育、对社会发展、对人与自然和谐发展的教育价值进行系统的分析，至于户外运动对运动者的个人身心和社会性发展促进的教育价值将在第三节详细阐释。

户外运动对学校体育教育、社会、自然等的发展促进是通过对人的观念和行为的教育影响来实现的，具体分析如下。

---

① 赵洪朋，周成林. 青少年户外运动健身特点与指导方案研究［M］. 沈阳：东北大学出版社，2017.

一、户外运动的学校教育价值体现

在现代学校体育教学中,体育教学日益得到重视,通过体育教学来鼓励和引导更多的学生参与体育锻炼,进一步促进我国体育人口增长,为社会发展提供合格建设者和接班人是体育教学的重要任务,将户外运动纳入学校体育教学体系,对学校教育的完善、社会的发展具有重要意义。

(一)丰富体育教学内容

体育教学内容的丰富和多样一直是我国学校体育教学改革重点研究的问题之一。

长期以来,我国学校体育教学不受重视,体育教学内容长期保持相同的教学内容,多年来毫无新意,尤其是高校体育方面,大学生与中小学生相比,在学校体育参与方面拥有更多的时间和精力,但是高校体育课程内容设置始终集中在篮排足三大球、乒羽网三小球、健美操、体操等几个项目上。这些内容学生从小学、中学到大学一直在接触和学习,学生的体育参与积极性并不高,体育教学效果不理想。

户外阳光体育运动具有丰富的运动形式与内容,将其引入学校教育教学系统,能极大地丰富当前体育教学的内容,有助于调动学生的体育参与和学习的积极性和主动性。

(二)创新体育学习模式

户外运动的一个非常重要的特点是集体协作性,很多户外运动项目都需要团队合作才能完成,即便是个人性质的体育参与,在结伴完成运动过程中,也离不开同行者的帮助。户外运动能为学生提供一种新型的体育学习和运动参与模式,它比足球、篮球等集体项目中的位置、技术配合的团体协作范围更广,户外运动的科学参与能给予学校体育教师和学生一种新的体育教学、体育学习的模式参考，同时，这种教学模式和学习模式还能对教师和学生的其他方面的发展有所启发和促进。

（三）拓展体育教学空间

户外运动在户外自然环境中开展，相比于传统的体育课堂教学，提供了一种新的体育教学环境，为学生的体育参与与学习构建了一个更加生动、有趣的学习模式，同时，户外运动真正将学生的体育参与学习落实到体育实践中去，从多个方面展开体育实践活动，让学生在运动实践中感受知识内涵，体会到户外运动的价值和意义。

总之，户外运动纳入学校体育教学系统，将体育课程拓展到家庭、社区、体育俱乐部，以及田野、山林、沙滩等自然环境中去，真正使学校体育冲破了课堂与校园樊篱的束缚。学校体育课内外与校内外教学的一体化是我国学校体育教学发展的重要趋势。

二、户外运动的社会教育价值体现

（一）锻炼运动者的思维

现代社会，户外休闲正在逐渐融入社会大众的日常生活，成为提高人们生活质量的一种重要运动途径和方式，在人们的日常生产、生活中发挥着越来越重要的作用。

从文化角度来讲，户外运动承载着一定的东方和西方体育文化和生活哲学、智慧，如攀岩、登山（西方体育冒险精神），如登高、放风筝（东方养生哲学），如热气球、滑翔伞（人类对自然的挑战）等。体育文化扎根在民间，质朴地反映了普通老百姓的生活场景，寄托了他们对美好生活的向往，同时，户外运动作为社会大众身边的体育文化，为大众提供了宝贵的借鉴和传承的平台。[①] 户

---

① 张峻豪，国伟. 高校户外休闲运动的教育价值分析研究[J]. 当代体育科技，2017,22(7).

外运动的大众广泛参与是对体育文化的一种重要的传承途径。

从作为社会成员的个体的运动参与受益来说，个体参与户外运动，对身体、心理、思维、智能等的发展均具有重要的促进作用。例如，山地户外运动系列需要参与者有良好的分析判断能力，丛林穿越需要统筹安排、缜密思维，确定安全又快捷的路线。这些运动实践都能有效地促进身为社会建设者的社会大众的多方面的思维发展，可间接促进整个社会的发展。

（二）拓展运动平台

就我国来讲，随着我国经济、科技的不断发展，从农业大国到当前社会经济发展新时期，人们的生产、生活发生了巨大的改变，注重健身、休闲、娱乐成为新时期我国社会发展的一个重要特点。

在改革开放后的社会经济快速发展时期，人们的体育休闲从田间的生产劳动转移到各种健身房、健身俱乐部、体育场馆。

在进入 21 世纪之后，尤其是后奥运时代，人们的体育观念和健身观念更是发生了翻天覆地的变化，体育休闲与健身开始重新从室内转向户外，融时尚与自然于一体的户外运动为大众体育生活提供了更宽广的运动平台。

相比于以往任何时候，通过户外运动参与，人、社会、自然之间的密切、和谐发展联系更加紧密。

（三）社会风气引导价值

这里主要从人的社会活动参与和人与人的宏观社会关系角度进行分析。

从大众的户外运动参与来看，现代社会，人们更加追求健康，尤其是处于社会上层的精英们，无论是谈生意还是日常社交，更倾向于换上一身休闲装，到度假村打上几杆高尔夫、一起相约去爬山健身。或整个公司组织员工参加户外拓展运动，增强集体荣誉感和凝聚力，在运动中消除交际障碍与隔阂，交流情感，增进亲密感，增加互信。

参与户外运动,或谈笑风生、或相互鼓励、或协作挑战,都能提高人的品位和增加生活情趣,进而促进交流和合作,实现多元共赢。这对于整个社会的良好社会关系的发展是具有促进作用的。

(四)社会秩序调控价值

户外运动是一种重要的健身休闲运动方式,是大众健康休闲方式。

现代物质文明的不断发展使普通大众都可以选择更多种类的休闲方式,现代社会休闲与娱乐方式与内容多样,这些休闲娱乐活动对社会发展所带来的作用也是多方面的,这其中既有积极的影响,也有消极的影响,有些甚至可能存在一些有违健康原则的休闲方式,如赌博、吸毒等。这些休闲方式显然是不健康的,它们不仅会对当事人本身的身心健康造成不利影响,还不利于社会精神文明的建设和社会的进步,甚至可能构成犯罪,扰乱社会秩序,威胁其他社会成员的健康和生命安全。

户外运动健身休闲,能将学生的休闲引导向健康的休闲途径,通过参与户外运动,他们的闲暇时间和活动内容可以得到正确的引导,向有利于社会进步的方向发展,构建一个文明的社会,确保社会秩序的正常。

三、户外运动的人与自然和谐发展的教育价值体现

(一)自然归属感的提升

自古以来,人与自然必须实现和谐发展,这是实现人的可持续发展和实现自然的可持续发展的重要基础。

人类社会进入工业化社会之后,人类一直处于不断地征服自然的过程中,发展到现在,各种环境问题的出现已经严重威胁到自然生物和人类自身的发展,人类社会面临着生存危机。

户外运动将现代人的一部分活动融入大自然环境中,人们参

加户外运动,能够在大自然中找到自己的归属感,对自己的生活得到更加全面的认识。

通过户外休闲运动可以观察环境,关注自然发展,在体会到大自然的神奇的同时也能认识到自然发展的规律。野外生存、洞穴探险、漂流等户外运动项目的参与,更能让运动者体会到自然的美好,并学会对自然和当下生活的珍惜与良性回馈,让运动者真正理解人是社会中的人,更是大自然中生活的人,人与自然发展密不可分。

(二)个体环保意识的增强

户外运动的环境是自然界,运动者通过户外运动认识了解自然界,并会增强保护自然环境的意识。

从户外运动的开展过程和运动实践来讲,自然环境的破坏会影响运动者的户外运动安全和体验,因此,户外运动者对于自然环境倍感珍惜,同时,也会增强保护自然环境的意识。[①]

第三节　阳光体育视域下户外运动与青少年的全面发展促进

在不同体育内容对学生素质培养的研究中,户外运动集挑战性、冒险性、趣味性和实用性等特点于一体,有利于学生综合素质的发展和提高。学校户外体育课程的开设对于学校和学生发展均具有重要意义,因此,具有开展的必要性,并且已经被实践证实,户外运动能切实促进青少年学生群体的全面发展。

一、学校户外运动开展的必要性

户外运动成为学校体育教学系统的重要教育教学内容,是

① 李菲,谭成清.户外休闲运动的教育价值分析研究[J].内江科技,2016(7).

由多方面因素决定的,这些因素促进了学校阳光体育运动的开展。

（一）学生体育发展的客观要求

户外运动在青少年学生群体中具有广泛的学生基础,其丰富的运动内容、多样的运动形式、运动过程中的丰富情感体验,都深深吸引青少年学生参与其中。

户外运动能促进青少年学生全面发展,从年龄和生理发展特征来讲,这是因为青少年学生群体充满活力,年富力强,对新事物感兴趣,乐于参与和尝试户外运动;从心理与社会发展角度来讲,青少年学生群体所接受的文化教育经历以及交往需求都是推动其参与户外运动的重要因素。

（二）学校体育课改的必然要求

户外运动参与性强,而且有着独特的育人功能,是对新时期我国学校体育教学内容和体育教学课程体系的一种有益补充,能为高校体育教学的改革与发展、为我国高校体育课程的改革与发展提供一个新的发展思路与途径。

此外,户外运动课程在学校体育教学中的开展是当前我国体育教育实现素质教育的一个重要和有效途径。

（三）户外运动作为教育载体的多元价值

户外运动集基础性、实用性、综合性、科学性、适应性、发展性、辐射功能于一体,是学校体育教育功能的集中体现,具体分析如下。

①基础性、实用性:户外运动是在户外,尤其是在大自然中进行的一种体育活动,对大学生的身心健康发展具有重要的促进作用,能提高大学生在户外和野外的基本生存能力,使其了解和掌握一些基本的户外生存技巧,同时对大学生的抗挫能力也有重要的提升作用。

②综合性、科学性：户外运动与拓展训练是一项综合性较强的体育运动学科，它具有丰富的学科知识基础，涉及运动学、地理学、地质学、气候与天象、动植物学、人文科学、心理学、社会学等知识，因此具有综合性和科学性。

③适应性、发展性：户外运动与拓展训练，尤其是拓展训练对于学生的身心发展具有重要作用，能促进大学生良好性格特征和良好意志品质的形成，这对于其在大学毕业以后进入社会，扮演不同的社会角色和适应复杂的社会生活具有重要的作用，是大学生实现自我良好发展的一门重要体育课程。

④辐射功能：辐射功能具体是指大学生在户外运动与拓展训练活动过程中所倡导的健康、环保、友谊的生活观念的影响下形成的健康的体育观、价值观，对日后进入社会影响身边的人，惠及社会各个阶层具有重要的作用。[①]

二、户外运动对青少年的身体发展的作用

（一）强身健体

现代社会，户外运动是全民健身的重要体育运动，通过户外运动健身可实现身体全面的健康。

户外运动仍然具有重要的健身价值，户外运动博大精深、内容丰富，尽管青少年学生群体兴趣多样，但是每一个年龄阶段的学生都可以在户外运动体系中找到适合自己的户外运动形式，不同的人可以根据个人不同的爱好和条件，选择适合自己的户外运动内容进行锻炼。

运动实践表明，青少年学生群体科学、长期参与户外运动，可有效提高人体肌肉力量，提高肌肉、韧带的伸展性，对人的力量、耐力、速度、灵敏、柔韧等各种身体素质的发展都有良好的影响。

---

① 杨学凤. 论高校户外运动的开展[J]. 中华文化论坛,2009(S1).

还能加大关节运动幅度,有效地发展柔软性,刺激身体促使内分泌物质保持适度的均衡,最终达到增强体质、强身健体的目的。

1. 促进生理机能发展

经常参加户外运动能够提高身体机能水平,使运动者身体的各个系统的功能得到提高。

(1)提高神经系统机能

神经系统是人体主要的调节机构,人体中,各器官、系统功能的实现、自身各种运动技能的学习与形成都是在神经系统直接或间接的控制下协调完成的。

参加户外运动锻炼能够改善神经过程的均衡性和灵活性,户外运动自然多变的运动场景,丰富的技术动作要求和技术动作完成的节奏、难度、幅度等,可提高中枢神经系统的紧张度,活跃其他系统与器官的机能活动,加强大脑神经调节,进而能够使人的神经中枢的灵活性和协调性得到锻炼和增强,调节中枢神经系统兴奋区域转化,诱导植物神经机能提高,提高神经系统对其他器官的支配和协调能力,促使有机体机能全面、协调运转。

(2)提高心血管系统机能

长期、科学的户外运动参与可增强心脏活力,加快新陈代谢、机体组织的血液循环,使体内的物质运输得以顺利完成,对人体代谢所需的氧气与能量物质进行运输,同时,可运输代谢产物,使机体新陈代谢的正常进行有所保障。

户外运动内容丰富,各体育运动中的丰富多样的身体动作、专业技术动作的完成等,都可以促进人体的多样化的运动锻炼,促使运动者完成各种复杂多变的运动。这些运动形式的完成需要消耗大量的血氧,因此,长期的户外运动参与可实现机体心血管对运动任务完成的工作适应,从而提高心血管的功能。

(3)提高呼吸系统机能

与一些体育运动过程中的特殊呼吸方式要求不同,户外运动参与强调自然呼吸,自身的呼吸方式和特点对机体神经系统的调节十分有利,如太极拳讲究呼吸细、慢、深、长,可使肺泡保持弹性,发展呼吸肌,改进胸廓活动度,增大肺活量,提高氧的利用率。

此外,户外运动中不乏一些惊险刺激的体育运动项目或一些惊险刺激的运动瞬间,这些运动过程中机体的呼吸系统也保持着高度的工作紧张和运转状态,可促进呼吸系统机能的完善。

2. 促进身体素质发展

（1）发展力量素质

户外运动对于运动者的力量素质的增强作用是显而易见的。力量素质是人体运动的重要基础,人体的运动离不开力量素质。任何体育运动都有助于机体的力量素质增强,户外运动也不例外。一些户外运动项目,如攀岩、登山等,对运动者机体的局部力量素质的发展更有良好的促进作用。

（2）发展耐力素质

户外运动的运动参与时间长,运动形式多样,对运动者的各种耐力素质的发展均有重要的锻炼和发展促进作用。

（3）发展灵敏素质

坚持参与户外运动,可以增强运动者的各感受器官（尤其是视觉感受器）的功能,提高运动者的分配与集中的能力,使动作更加精细化。户外运动的一些动作的练习与应用,还有助于提高人的空间、时间和定向能力。

（4）发展速度与柔韧素质

速度素质与柔韧素质是人体运动素质的重要组成部分,户外运动项目众多,有很多体育运动项目对运动者的整体及局部速度、柔韧素质有较高的要求,如户外自行车、游泳、滑冰、滑雪等。良好的速度和柔韧素质是运动者参与户外运动中确保自身运动效率、运动安全的重要素质基础。

总之,户外运动集合了多种人体基本运动技能,再加上户外运动所具有的趣味性、娱乐性、广泛性等,吸引了众多人的参与。

参与户外运动,可全面地锻炼人的力量、速度、耐力、灵敏度等身体素质。

(二)生长发育

青少年学生群体的生长发育最明显的外在表现就是肌肉力量增长、体重增加、身高增高。

户外运动对青少年学生群体的生长发育具有重要的促进作用,从肌肉和骨骼发育方面来阐述,具体表现如下。

1. 户外运动对青少年学生的肌肉生长发育的促进作用

人体的运动离不开肌肉的做功,户外运动需要青少年学生机体的多部位的肌肉参与,可促进机体肌肉的生长发育。

户外运动的多个体育运动项目中,对运动者的肌肉力量、肌肉耐力素质发展等具有一定的要求,一些户外运动项目的技术动作的完成也需要运动者肌肉的参与,运动者参与户外运动,各种动作的完成,需要身体的不同位置的肌肉做功并配合完成各种动作过程,如此才能形成正确的动作定型。运动者科学、长期参与户外运动,能使身体的各部分的肌肉始终保持良好的生命活力和状态。

总之,在户外运动参与过程中,机体的肌肉,尤其是骨骼肌作为运动者的重要肌肉类型,通过不断运动(工作),能促进骨骼肌自身的结构、形态等良性发展。

2. 户外运动对青少年学生的骨骼生长发育的促进作用

骨骼是人体的"支架",随着人的年龄的增长,骨骼不断生长,并到成年时期发育成熟。

研究表明,骨表面的骨膜将骨紧紧地包围住,在骨膜的下面是一层结构很坚实的骨密质,骨密质的厚度越厚,骨骼的力量就会越强大。此外,在骨骼的内部也有非常复杂的组织结构,骨的内部有很多血管、细胞、神经,这些都能为骨骼的正常发育提供和输送各种营养物质,可令骨轻而坚固。

积极参与户外运动,通过多元化的户外运动项目参与,运动者的身体代谢(包括物质和能量的代谢)就会变得越来越强,能在运动过程中,提供更多的营养物质和能量,因此,可以令人体的运动系统,包括骨骼变得更加坚硬和坚固,能抵抗较大的外力的冲击。也能增强人体骨骼的自我修复能力,如果运动者在运动过程中不小心受了伤,如发生了骨折,那么经过一段时间的好好休养,骨骼是可以愈合的,而且和受伤之前相比,骨骼可能会变得更加强壮。

此外,长期、科学的养生运动练习,对骨骼长度(腿部骨骼)的增加有一定的辅助作用。例如,经常参加户外运动的人,比不爱运动的同龄人身高平均高几厘米。户外运动在户外阳光下开展,阳光可通过维生素 D 的作用促进人体对钙的吸收,也可以促进骨骼的强壮和生长。户外运动参与是实现青少年学生群体骨骼生长发育的重要和有效途径。

(三)养生保健

户外运动的内容丰富、形式多样,既包含了西方户外探险运动,也包括我国传统户外养生休闲运动。

我国古代传统户外健身、养生运动历史悠久,并由此产生了各种健身、养生文化,如道家养生思想、中医整体观,以及阴阳、五行等思想在人体健身中的广泛运用,都是早期体育健身和养生文化的重要表现。

我国传统户外健身、养生运动建立在我国古代健身、养生思想和文化的基础上,作为早期我国先民的健身、养生、保健运动,它与中国人重视运动、重视生命、重视养生之道的思想相得益彰,深受广大人民群众的喜欢。

新时期,在全民健身、健康中国政策推动下,学校作为体育健身和体育教育发展的一个重要教育基地,开展传统户外健身养生运动,不仅是对我国传统体育的文化传承,同时,还能起到健身养生、运动保健的作用,能够促进我国青少年学生体质水平和素质水平的提高。

(四)防病治病

当前社会,"文明病"多发,与传统疾病相比,"文明病"发生的原因特殊而复杂,有时接受现代医学的药物和手术治疗会有一定的不良反应,对人体造成伤害。

对于青少年学生群体来说,体重超重、营养过剩以及由此产生的各种疾病都是困扰和影响青少年学生群体健康成长和发育的重要现代病,急需得到解决。

户外运动对青少年学生群体的现代病的体育干预和预防、治疗,与医学相比,更加安全、有趣,患者接受度高,而且治愈效果不错。

户外运动参与可促进青少年学生群体的机体健康,经常参与户外运动锻炼,能有效增强个人适应外界环境的能力,能有效提高体质水平、愉悦身心,养成良好的生活习惯和生活方式,有效抑制社会"文明病"的发生,促进身心健康发展。同时,在户外自然环境中运动,可改善心理,有助于疾病康复。

三、户外运动对青少年的心理发展的促进作用

(一)愉悦身心

1. 从运动与生理发展关系的角度分析

身体娱乐能促进身体的健康。通过参与各种体育活动与游戏,可令人在轻松的体育活动环境和氛围中获得身体的良好发展。身体娱乐更强调身心的健康、和谐发展。户外运动项目的内容丰富、形式多样,这为身体娱乐提供了广阔的天地。新的运动项目、新的体育锻炼形式都在不断地出现,并将获得较快的发展。青少年学生群体从事自己所喜爱的各种内容和形式的户外运动,进而在运动中愉悦身心、增进健康。

2. 从运动与心理发展关系的角度分析

运动使人快乐,体育活动能刺激身体内啡肽的产生,令人心情愉快,同时还能给人带来愉快的情绪体验。而良好的心理状态,又是促进身体健康的基本条件。

运动生理学和心理学研究共同表明,运动可以改变人类脑部的化学结构,对治愈忧郁症具有明显的效果。因此,与从事身体对抗剧烈的竞技运动相比,人们更愿意选择那些充满乐趣的身体娱乐活动。这也就解释了集游戏、休闲、娱乐、健身、冒险等于一体的户外运动受到全民热爱的重要原因,户外运动受到青少年学生的追捧和喜爱更不足为奇。这种运动能充分满足青少年学生群体的多元化身心体验和发展需求,可以愉悦其身心。

3. 从户外运动自然环境与身心体验的角度分析

户外运动在大自然环境中开展,在运动环境上能使人的身心最大限度地放松,在运动过程中,也能最大限度地排解运动者的不良情绪,使运动者在运动中释放不良情绪,同时建立健康和积极的情绪,尤其是户外运动中的许多项目,如水上运动、高空运动,是运动者在日常生活中接触不到的,参与这些运动,更能让运动者心旷神怡。

总之,户外运动是一种健康的生活方式,长期坚持参与户外运动,不仅可以使人们的身体得到有益的锻炼,还有利于运动者良好心理的建设,从而极大地促进运动参加者的身体健康水平保持在较高状态下。身体的锻炼也会促进心理的积极反应,最终实现身心健康、全面发展。

(二)疏导情绪

著名心理学著作《秘密》中提到了一种人的心理现象,叫作"吸引力法则",具体来说,当人关注某一类事物时,就会发现,周围环境中类似的事物发生的概率非常大,类似事物的信息不断出现。人的情绪也是如此,一个快乐的人更容易关注到令人愉快的事件的发生,会更多地看到事物发展的积极面,反之,则消沉无法自拔,甚至妄自菲薄。

从科学的角度来说,运动可以使人的神经系统处于兴奋状态,由于专注于运动,因此,运动中枢形成强烈的"优势兴奋灶",这个"优势兴奋灶"远高于身体其他系统的兴奋性,进而对其他系统的兴奋产生抑制,换句话说,就是可以对不良情绪产生抑制,从而使运动者摆脱消极情绪。

户外运动对青少年学生群体的不良情绪疏导具有重要的推动和帮助作用。

现代的青少年学生群体,面临着学习、生活、就业、情感等各种压力,情绪如果难以排解就很容易导致生理或者心理上的问题,如果情绪通过不良的方式排解(如沉迷游戏、网络、娱乐平台,校园霸凌,吸毒等),则会对自身和其他青少年及其家庭,甚至整个社会都带来不良的影响。

户外运动是一种健康的健身、娱乐、休闲方式,通过学校教育引导,引导青少年学生科学、系统、长期参与户外体育运动,能够为青少年学生提供与平时学习、生活所不同的活动环境,并在健身健心的同时,将运动在增进快乐、调节情绪、振奋精神等方面的作用充分体现出来。

此外,户外运动的多运动者的参与,队友之间相互鼓励、彼此信任,这种愉快、积极向上的情绪状态还能够使人的自尊心、自信心、自豪感得到有效的保证,同时,有效缓解甚至消除焦虑、烦恼、抑郁、自卑等不良情绪。在户外运动的参与过程中,经过与人、与自然的沟通,可以增进理解,疏导不良的情绪状态,缓解焦虑和抑郁症状。

(三)丰富情感

运动参与可影响运动者的情感产生、发展,这种影响主要体现在三个方面,即生理的、心理的和社会的。

户外运动借助自然来表现人参与体育运动的运动美。运动者在户外运动的参与过程中,不仅要完成各种活动任务,更要在自然环境中对户外任务的完成情况有一定的深刻思考和情感体验,这种特殊的内在思想和情感能促使自我成就的认识和情感体验产生,使运动者有愉快、振奋之感。

户外运动内容丰富,充满趣味性、挑战性和冒险性,在参与户外运动过程中,运动者可有精神抖擞、高度兴奋的感觉,这种情感体验,能让运动者忘记现实生活、学习中的疲劳、伤痛,全身心投入到活动自身和与自然的相处之中,这种情感体验是十分丰富和宝贵的。

(四)磨炼意志

现代社会的青少年学生,很多都是娇生惯养,在家长的全面呵护,甚至是溺爱环境下成长起来,鲜少受苦。

户外运动能丰富青少年学生的生活体验,提高青少年学生的生活能力、自理能力、控制能力、交际与协作能力等。同时,在户外运动参与过程中,青少年学生需要不断克服各种困难,靠自己的决心和毅力,调整心理状态;要有坚持不懈的品质与意志,吃苦耐劳,不急不躁,提高对自然环境的适应能力。

长期的户外运动参与可使青少年学生群体勤学、自觉、刻苦和勇于探索。

(五)完善心理

个性心理,是指个体身上表现出来的带有稳定性和经常性的心理状态。

青少年学生群体的心理发展表现出明显的个体差异性,并由于知识、经验的有限表现出不完整性和不稳定性。户外运动对青少年学生的个性心理是一个全面的塑造过程。

通过丰富多彩的户外运动参与,能促进学生的思维、性格、情感、气质等的发展,进而使得青少年学生的个性心理的发展更加健康和完善。

（六）领悟人生

户外运动在大自然中开展，青少年学生群体在户外运动参与过程中，置身于大自然环境中，是对现实社会生活的一种短暂的回避，这种返璞归真的运动和生活体验能让青少年学生学会思考，感悟大自然的美好和生命的意义。

四、户外运动对青少年的社会性发展的促进作用

（一）丰富社会生活

新时期，我国提倡构建社会主义和谐社会，和谐社会的和谐内容是多元的、全方位的。和谐社会，关注人的全面健康发展，包括身体健康、心理健康、社会健康等多个方面。

青少年学生群体的户外运动参与，有利于增强青少年学生的体质、心理和社会性发展。

户外运动不仅提倡学生在学校的课外体育活动参与，更强调户外运动走进青少年学生的日常生活，能很好地改善个体的身体素质、生理机能、各器官和系统功能，有助于增强和改善养生者的身体状况。

户外运动的参与，有助于丰富青少年学生的精神生活，是对青少年学生课余生活的一种有益补充。

（二）培养社会意识

户外运动虽然不像竞技体育运动那样有明确的体育运动规则约束，但是很多户外运动也有其自身的明确的规则或者约定俗成的一些规则。

此外，户外运动中的团体协作，一个小团体就是一个小的社会，彼此之间的相处，都有助于运动参与者的社会意识的激发和社会规则的遵守。

首先，户外运动可体现自由和平等。户外运动在全世界范围内广泛流传的运动形式，任何人都可以参与到户外运动中去。户外运动中的小团体建设，队员之间以平等的关系和地位相处，以自由和平等的心态去处理一切事情，有协商、有帮助。

其次，户外运动可体现付出与收获的公平性。参与户外运动，运动参与者可以通过自身的努力获得成功，体验到更大负荷、运动冒险等带来的身心快感，而这些身心快感的获得正是建立在坚持不懈、持之以恒的大量体力、精力消耗的基础上的，如辛苦登山后的日出和日落美景的欣赏，就是对辛苦付出的一种回报，由此可以培养运动者不断拼搏进取的人生观。

最后，参与户外运动可引导人们崇尚知识，不断学习知识。户外运动实践表明，要想取得理想的户外运动锻炼效果，不仅要靠反复的力量大小的抗衡、长时间的训练，更需要科学的户外运动理论做指导。户外运动是智者的运动，而不是简单鲁莽的冒险。

（三）提高协作能力

户外运动以集体的形式组织青少年学生参与，在整个运动团队中，各种运动任务的完成都需要团队成员之间的相互协作和积极配合。如定向越野中的小组作战、攀岩中的同伴保护、野外生存的彼此照应等，都需要与同伴进行积极的合作。因此，户外运动的参与能培养青少年学生群体的团结协作精神。

尤其在集体性的非竞争性的户外运动项目中，如野外生存，青少年学生需要通过与同伴的默契配合来赢得胜利，因此，户外体育运动有助于青少年学生集体主义精神的建立和团结合作意识的提高。在集体性竞争性的户外运动项目中，如定向越野，比赛过程中，就不仅要依靠个人，更要重视整个竞赛小组成员相互之间的配合与协作，强调协作意识和协作能力。

（四）提高交际能力

实践表明，体育运动参与能提高运动参与者的交际能力，尤其是对于集体性运动项目而言,参与体育运动的个体必须经过交流并最终达成一致意见才能顺利地进行体育活动。因此,体育运动为个体与他人进行人际交往提供了环境和条件。

在户外运动中,户外运动所营造的是一个与社会环境相类似的一个小社会团体,运动参与者需要积极与同伴队员进行沟通才能获得运动环境的完善的信息,并在一些活动中需要与同伴配合、交流、协商,最终做出决策。

户外运动的交际环境和条件创造,有助于锻炼和提高运动参与者的交际能力,这对于运动参与者回归社会后融入社会、与人高效交流、构建良好人际关系十分有益。

(五)培养健康的社会生活方式

户外运动不仅是学校体育教学课程的有益拓展,也能作为青少年学生的日常健身休闲活动融入青少年学生的日常生活中,这对引导青少年学生群体合理安排自己的闲暇时间,促进青少年学生群体摒弃落后、愚昧、腐朽的不良休闲方式,抵制精神污染,培养健康的生活方式和习惯是十分有利的。

青少年在生活、学习、工作之余,积极参与户外运动,可以使青少年的身体得到有益的锻炼,并在很大程度上促进青少年心理的积极反应,引导青少年充满阳光和朝气、积极向上。

第三章 阳光体育视域下户外运动多元化发展研究

阳光体育运动的开展在促进我国亿万青少年积极参与体育锻炼、实现全面健康发展方面起到了重要的推动作用,同时也在全国范围内掀起了群众性体育锻炼热潮。随着阳光体育运动在全国范围内的深入实施,越来越多的人走到户外去参与户外体育运动。全国性的户外运动的群众运动热潮为我国户外运动的发展提供了良好的户外体育运动产业和市场发展空间,使得在阳光体育下的户外运动不仅在学校教育领域,同时在体育产业、体育市场等方面也正在持续快速不断地发展。户外运动还与休闲体育、体育旅游等的发展紧密结合在一起,形成一种融合发展之势,实现了体育多形态发展的相互促进。本章就主要针对阳光体育视域下我国户外运动的产业发展、人才发展,大众户外运动与其他体育形态的融合发展,学校户外运动的可持续发展以及户外运动的长效发展进行深入研究,以此对新时期阳光体育视域下我国户外运动的全面多元化发展进行探讨并对其可持续发展提供理论指导。

第一节 户外运动产业与人才的发展

一、户外运动产业的发展

(一)户外运动产业的市场人群特点

户外运动产业的发展离不开消费人群,针对我国户外运动参与群体的特点研究可以为户外运动产业市场的分析与发展提供参考,便于开展和实施户外运动产业的政策和市场决策。

在我国户外运动市场人群的特点分析中,许多学者都从性别、年龄、职业、收入等基础市场细分因素展开研究,本书也主要从这几个方面对户外运动产业的市场人群特点展开研究。

1. 户外运动产业市场人群的性别特点

男女生理、心理和社会特点具有明显的差异,这就决定了男女在参与体育运动方面表现出不一样的兴趣爱好、特长发展、运动参与习惯等。

调查显示,在参与户外运动方面,男女性别差异明显,男性的积极性仍然高于女性,许多相关研究都证实了这一点:2006年的一项户外运动的参与者性别调查研究中,男女比例为66.4%、33.6%(李红艳,2006);2013年的一项户外运动的参与者性别调查研究中,男女比例为63.1%、36.9%(图3-1,亓冉冉,2013)。[1]现阶段,全民健身背景下,户外运动参与人数持续不断增多,参与户外运动的女性人数数量不断增长,但就整个户外运动参与人群来看,男性仍然多于女性。

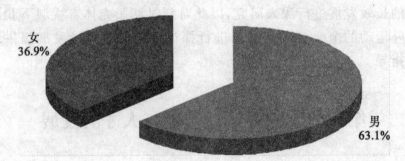

图 3-1　参与户外运动的性别比例

---

[1]　亓冉冉. 我国户外运动发展现状与对策研究[D]. 北京:中国地质大学(北京)硕士论文,2013.

2. 户外运动产业市场人群的年龄特点

户外运动具有较强的挑战性、冒险性,对运动参与者的体能素质和运动能力有较高的要求,因此,从生理学角度来讲,青壮年人群更加适合参与户外运动。此外,青年人的冒险精神和来自家庭的较小负担也更能为此类人群参与户外运动起到推动作用,并解除家庭(时间、精力、财力投入)的束缚。

在我国户外运动的体育人口中,青年人朝气蓬勃、体能素质好、具有探索和冒险精神,是当前我国户外运动的主要参与群体。此外,值得一提的是,随着社会经济的不断发展,全民健身的意识不断提高,中年人参与户外运动的积极性越来越高(图 3-2、表 3-1)。

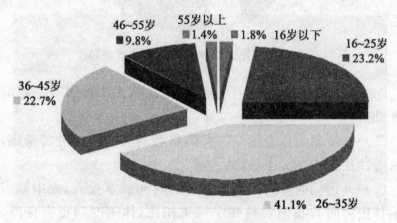

图 3-2　户外运动参与者的年龄分布

表 3-1　户外运动人群年龄与比例分布

年龄	比例(%)
16 岁以下	1.8
16～25 岁	23.2
26～35 岁	41.1
36～45 岁	22.7
46～55 岁	9.8
55 岁以上	1.4

3. 户外运动产业市场人群的城市分布特点

相比国外,我国户外运动发展较晚,而且主要集中在大城市开展(图3-3),究其原因,主要体现在以下几方面。

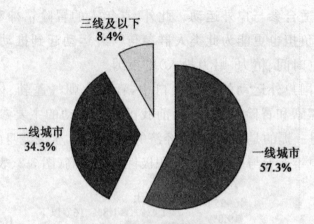

图 3-3 户外运动参与人群的城市分布

①户外运动需要一定的经济成本投入,大中城市有一定的经济基础。

②户外运动的体育消费需要消费者具有一定的经济基础,高收入者往往集中在大中城市。

③户外运动的参与需要参与者的时间成本投入,大中城市人群的休闲时间与我国农村和小城镇相比,休闲时间更有保障、更充裕。

户外运动集中在大城市的市场地域需求充分表明了户外运动和城市的发展、经济水平的高低的密切关系。

4. 户外运动产业市场人群的学历特点

户外运动市场的消费群体的学历特点与不同人群对户外运动的认知程度有着密切的关系,一般来说,学历越高的人越能科学认知户外运动参与对个体的发展促进价值,对户外运动参与的认可程度越高,户外运动的参与群体主要集中在高学历人群中(图3-4,表3-2),这一现象也充分说明了户外运动参与对运动者的综合素质有较高要求,较高学历者能更快、更好地掌握户外运动项目的运动规律、技术特点。

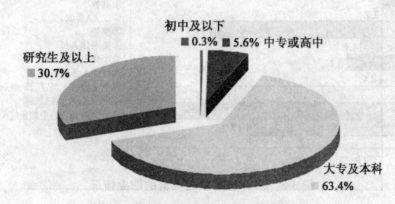

图 3-4　户外运动参与人群的学历情况

表 3-2　户外运动参与人群学历分布

学历	比例(%)
初中及以下	0.3
中专或高中	5.6
大专及本科	63.4
研究生及以上	30.7

5. 户外运动产业市场人群的职业特点

阳光体育在我国具有广泛影响,在阳光体育不断深入实施下,当前,我国户外运动的主要参与人群是学生,学生群体具有广泛的休闲时间,同时户外运动是学校体育教育的重要组成部分,当前,学生群体主要参与的是难度系数较小、负荷符合学生特点、运动安全较高的户外运动项目。

此外,我国大众户外运动的主要参与人群是企业管理层、专业技术人员、国企和事业单位员工,这部分人群具有良好的经济基础和休闲时间(图 3-5)。

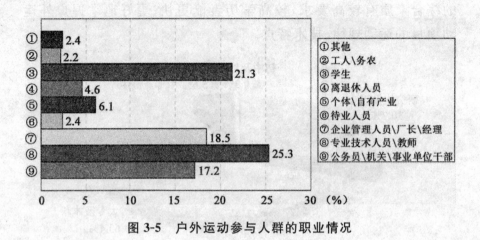

图 3-5　户外运动参与人群的职业情况

6. 户外运动产业市场人群的收入特点

目前,就我国户外运动产业发展现状来看,户外运动产业的主要消费市场集中在高收入消费人群的细分市场中,这是因为户外运动的一些项目参与,需要消费者投入一定的金钱来购买装备、技术服务,有些户外运动体验和技术服务是需要较高的消费支出的,高收入人群在户外运动参与上有更好的物质保证和基础。

调查显示,当前我国户外运动参与者中,月收入在六千至一万的人群比例较多,占比近半(41.6%),可见,户外运动参与者的主力军主要是中产阶级(图 3-6)。

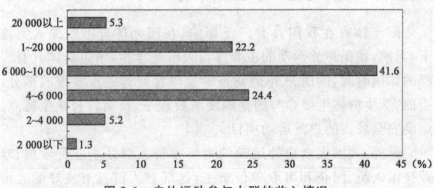

图 3-6　户外运动参与人群的收入情况

(二)户外运动产业的市场体系发展

1. 市场的不断成熟与发展完善

判断一个体育产业的发展程度,市场体系是否健全是最重要的一个指标。在全民健身背景和户外阳光体育运动的推动下,我国现代化的户外运动产业市场体系正在不断发展并逐步成熟起来。

现代户外运动产业的市场体系是一个多元化市场体系,主要包括户外运动服务市场和户外运动用品市场。

我国户外运动产业从 20 世纪 80 年代初萌芽,在商业发展的促进下,得到了快速发展。人们体育健身、体育消费、体育休闲观念和意识的不断强化极大地促进了我国户外运动产业的发展。同时,户外运动产业市场的不断完善进一步使得人们的运动消费观念逐渐确立,这对人们健康水平的提高以及生活质量的改善等方面都有重要的作用。

在全民崇尚健康的新时代,与那些传统的休闲项目相比,户外运动更富有活力和号召力。

目前,我国已经初步形成投资主体多元化,多种所有制并存,平等竞争,各级体育服务产品全面,以户外运动健身、休闲市场为主体和核心的户外运动用品市场、户外运动技术服务和活动体验市场等共同发展的市场格局。户外运动产业市场规模不断扩大,市场体系逐渐健全和完善。

2. 户外运动产业市场发展中存在的一些问题

在世界范围内,我国户外运动产业的市场发展存在不少问题,主要集中表现在以下两个方面。

一方面,当前,我国户外运动用品制造业面临着严峻的发展形势,具体来说,我国户外运动用品制造企业的产品科技含量较低,市场竞争力较弱。随着我国加入世界贸易组织,发达国家的户外运动用品纷纷涌入我国体育市场,更进一步冲击了我国户外运动用品制造企业的发展,许多户外运动企业生产成本高、对市场把握不准,步履维艰。

另一方面,我国户外运动培训、技术服务业的发展鱼龙混杂、良莠不齐。一些不合格的户外运动俱乐部在户外运动市场准入标准极低的情况下涌入市场,影响了户外运动产业和市场的发展,也给很多户外运动者的户外运动参与埋下了安全隐患。

二、户外运动人才的发展

就我国体育产业的发展整体来看,和其他体育产业(体育竞技、体育竞赛、体育表演及其他体育运动项目人才培养等)相比,我国对户外运动产业的投入很少,有限的资金基本全部投到竞技户外运动上。现阶段,政府部门应加大对户外运动的资金投入,改革户外运动人才的培养机制(如高等院校开设民族户外运动专业),加大户外运动人才的培养力度。

户外运动产业的发展离不开人才,户外运动产业的发展也离不开专业、优质人才的参与。当前专业人才稀缺是制约户外运动产业发展的一个重要因素和客观事实。因此,必须围绕户外运动产业发展需求,重视人才培育。

培养户外运动专业人才,应重视以下几种人才的培养。

①户外运动企业管理者、营销者。

②户外运动竞技运动员、户外运动表演人才。

③户外运动旅游业导游、技术指导员。

④户外运动技术指导员、医务人员及其他服务人员。

第二节 大众户外运动与休闲体育、体育旅游的融合发展

一、大众户外运动与休闲体育的融合发展

(一)休闲体育概述

休闲体育与体育运动的其他领域有着外延的联系,当某种体育活动用于娱乐休闲时,则可看作是休闲体育。休闲体育是一个相对独立的体育领域。

我国著名体育理论专家卢元镇教授认为:"休闲体育是人们怀着轻松愉快的心情自愿参加各种体育活动的娱乐活动。参与休闲体育的过程中,运动者不受限于教学规定,不追求运动成绩,甚至有时不重视强身祛病,只是将休闲体育运动参与作为健康有益的方式度过闲余时间。"上海体育大学博士于涛认为:"休闲体育是人们抱着自我完善、自我充实的自觉态度,积极主动追求和享受体育的一种生活方式。"

(二)新时期大众户外休闲的新形势

在现代社会,户外休闲运动已经成为现代社会生活方式的一个标志性的内容,它融入人们生活中是社会发展的必然趋势。

1. 户外休闲运动对身心健康的促进

休闲是一段闲暇时间、一种娱乐活动、一种愉快心境的共同体,它是健康生活方式的重要组成部分。户外休闲运动之于人体身心健康有百利而无一害。

运动有利于人体健康,户外休闲运动作为健康运动的一种,自然也不例外。

户外休闲运动实践证实,经常参与户外休闲运动能有效降低心脏发病猝死的概率,经常锻炼能增强心脏功能,预防和减少患高血压、高胆固醇症和肥胖等疾病的危险;同时还可以改善糖尿病、骨质疏松症、关节炎、情绪波动等病症。

2. 户外休闲运动能满足人们运动和享受生活的双重需求

户外休闲运动参与能使人们更充分地享受休闲娱乐带来的运动快乐,并在运动中实现个人发展。

新时期,户外休闲运动融入人们日常生活已经成为大势所趋。在当前以休闲为中心的社会,闲暇时间的增加,可能会对个体和社会的休闲质量产生影响,户外休闲体育是千家万户生活中不可或缺的休闲娱乐必需品,是人们安居乐业的基本条件,户外休闲运动的娱乐参与和享受,完全地迎合了个体需要和社会需要。户外休闲运动活动对促进个人发展、社会发展有着重要的作用。

3. 户外休闲运动能提高人们的生活质量

高质量的生活被定义为有意义的、有效的、有趣的、富有的生存。这种生存基于人的满足感、自由感、履行感。体育恰恰能够表达这样一种价值观,它是基于人们的身体、精神,社会的安康;基于最久远、最崇高的人类和平的价值观念,不会对人们追求幸福造成阻碍,因而被广泛认同。

在高质量的生活中,户外休闲运动是对健康人生有价值的、可靠的投资。户外休闲运动的增多,使人们对休闲生活产生了良好适应,人们可以通过闲暇时间的高效利用来提高人们享受生活的质量。

4. 户外休闲运动是现代人时尚的社会交往新方式

不同于以往的自然经济状态下的家族性、区域性,现代社会生活中,社会成员之间的交往空间不断扩大,网络世界的虚拟交往已经不能满足现代人交往的新鲜感,人们开始渴望更加丰富、健康的社会交往与互动方式。

此外,随着我国商品经济的不断发展,改革开放初期开始形成的传统的请客吃饭的社会交往方式使很多人苦不堪言,逐渐被人们所淘汰。新时期,在崇尚健康、追求生活品质的现代社会,一种新的生活观念应运而生:"请人吃饭不如请人出汗"的运动休闲交往成为时下最健康、时尚的社会交往新选择。越来越多的人开始离开烟雾弥漫、酒气熏天的饭桌,走向健身房、走向运动场、走向空气新鲜的户外。

现阶段,无论是谈生意还是日常社交,更倾向于换上一身休闲装,轻松潇洒地约对方到户外大自然中进行健身休闲和度假,尤其是处于社会上层的精英们更热衷于户外运动休闲的参与,并将这种运动休闲的交际价值发挥到极致。在户外轻松愉快的休闲健身活动参与过程中,更容易交流情感,增加互信和好感,促进交流和合作。

(三)大众户外运动与休闲运动的融合发展

1. 良好的社会背景

休闲时代的来临为大众户外运动休闲与休闲运动的融合发展奠定了良好的社会背景。

现阶段,随着我国对"全民健身战略"的重视程度的不断提高,由群众体育发展而来的休闲体育也逐渐受到了普遍重视,成为一种全民体育参与行为。户外运动的健康休闲运动方式、休闲运动环境,使得户外运动休闲成为当前大众参与休闲运动的首选项目。

2. 大众健康休闲观的建立与维护

新时期,要进一步促进大众户外运动与休闲运动的融合发展,必须加强宣传教育,促进大众树立健康的休闲观。

（1）培养个体的休闲体育意识

要促进户外运动与休闲运动的融合发展，必须帮助大众树立健康的休闲体育价值观，使个体做出有价值的、明智的、自主的休闲体育选择，以丰富和提高其休闲生活质量，并产生对休闲体育活动的良好兴趣，从而形成终身休闲的体育观。

（2）提高大众休闲体育消费的认同

市场经济条件下，商业利益成为社会活动的重要推动力。就休闲体育而言，休闲体育行业的发展和壮大必然是各商业群体共同推动的结果，而其出发点正是商业利益。各种商业组织在以盈利为目的的经营活动中，相互配合协作，休闲体育日渐发展和壮大，休闲体育的产业化和社会化的程度不断加深。

我国社会经济文化不断发展。一方面为人们闲暇时间服务的第三产业表现出了巨大的市场空间和发展潜力；另一方面，刺激着人们的休闲体育消费，人们在休闲体育方面的投资将会与日俱增。

当前大众体育消费热潮中，以余暇运动和健身为特点的身体娱乐和消费蔚然成风，人们的闲暇生活方式发生了较大的变化。户外休闲娱乐承载着全新的休闲文化，在大众体育消费方面不断提倡和推广。

二、大众户外运动与体育旅游的融合发展

（一）体育旅游概述

旅游，包括"旅"（旅行）和"游"（游览、游玩、消遣）两个方面。"旅游"是个体在目的地或者在去往目的地的途中进行游览、游玩的一种休闲、消遣活动。

体育旅游，是指以观看、欣赏和参与各种体育活动为目的的旅行游览活动。

（二）大众户外体育旅游的新时尚

体育旅游是通过"体育"与"旅游"的有机结合才逐渐产生

的,体育与旅游的交集就是体育旅游。在与各个领域的不断交融过程中,"休闲"和"探险"是与体育和旅游结合最紧密的两个方面。

现代体育旅游内容、项目、方式、方法,都将体育旅游活动的各种要素的依附环境指向户外,户外运动是现代体育旅游的重要旅游内容选择(表 3-3)。

表 3-3　户外运动相关概念对比分析①

相关概念	与自然环境的关系	活动的组织性	活动条件	活动体验
户外运动	关系密切	不明确	有专业技术、装备、技能要求	冒险、挑战性
自主旅游	一般	自主性高	一般	一般
体育旅游	一般	有一定的组织性	一般	一般
探险运动	一般	不明确	有专业技能要求	较高的冒险性
极限运动	一般	不明确	有较高的身心条件要求	高刺激性、体验强烈
拓展训练	一般	组织严密	专门性活动设置	体验目的性明确

(三)大众户外运动与体育旅游的融合发展

1. 丰富的户外体育旅游资源

我国地域辽阔,丰富的自然环境和地理地貌为户外体育旅游的开展提供了丰富的资源条件(表 3-4 至表 3-7),使我国具有了非常丰富的体育旅游资源,我国开展户外体育旅游具有得天独厚的优势。

---

① 王立平,孙妍,王磊. 当前我国大众户外运动发展现状研究[J]. 山东体育学院学报,2012,4(28).

表 3-4　我国户外体育旅游的主要山体资源

省、直辖市、自治区	山体资源
北京	鹫峰、灵山、香山、百花山、海坨山
河北	雾灵山、苍岩山、碣石山
河南	嵩山、石人山、鸡公山
甘肃	团结峰、党河山、大雪山、冷龙岭、七一冰山
四川	四姑娘山、松潘雪宝鼎、峨眉山、青城山
山东	泰山、崂山、蒙山、千佛山
山西	恒山、五台山
陕西	华山
湖南	衡山、五陵源、九嶷山、张家界
安徽	九华山、黄山、琅琊山、八公山
湖北	武当山、九宫山、神农架
江西	庐山、青原山、龙虎山、井冈山
吉林	长白山
福建	武夷山
台湾	阿里山
浙江	雁荡山、普陀山、天台山、莫干山
辽宁	千山
广东	鼎湖山、罗浮山、丹霞山
云南	玉龙雪山
新疆	托木尔峰、公格尔峰、博格达峰、慕士塔格峰、雪莲峰、慕士山
西藏	启孜峰、乔戈里峰、珠穆朗玛峰
青海	阿尼玛卿、年保玉则、玉珠峰,祁连山脉岗什卡雪峰
内蒙古	包头九峰山、巴林喇嘛山

表 3-5　我国户外体育旅游的主要水体资源

水体资源	区域
河流	长江三峡；四川都江堰；广西桂林山水、漓江、资江、龙胜三江河、宣州古龙河；黑龙江伊春河、黑龙江；新疆叶尔羌河、塔里木河、和田河；湖南猛洞河、茅岩河、郴州东河
湖泊	青海青海湖；云南洱海、滇池；黑龙江镜泊湖、五大连池；福建武夷山曲溪；江西鄱阳湖；湖南洞庭湖；新疆天山天池、哈纳斯湖；安徽新安江水库；北京十三陵水库；江苏太湖
泉水	山东济南泉群；北京西山玉泉、小汤山温泉；杭州西湖虎跑泉；江西庐山聪明泉；西安骊山华清池；广东从化温泉
瀑布	壶口瀑布，黄果树瀑布，长白山瀑布，蛟龙瀑布，庐山瀑布群，雁荡山瀑布群，九寨沟瀑布群，天柱山瀑布群
江海	河北北戴河、南戴河；山东烟台金沙滩、乳山银滩；辽宁大连金石滩；上海南汇滨海；广西北海银滩；广东阳江海陵岛；海南三亚天涯海角

表 3-6　我国户外体育旅游的主要的溶洞资源

省、直辖市、自治区	溶洞资源
北京市	房山石花洞
重庆市	武隆芙蓉洞
河北省	临城溶洞
浙江省	桐庐瑶琳仙境
贵州省	安顺龙宫
广西壮族自治区	桂林七星岩、芦笛岩、荔浦丰鱼岩、桂林冠岩
辽宁省	本溪水洞

表 3-7　我国户外体育旅游的主要沙漠资源

地区	沙漠资源
甘肃	敦煌玉门关、阳关沙漠
新疆	塔里木盆地塔克拉玛干沙漠
内蒙古	科尔沁沙地、巴丹吉林沙漠、库布齐沙漠、包头响沙湾等
陕西	榆林沙漠(沿古长城)
宁夏	中卫沙坡头

2. 户外体育旅游产业发展对户外运动与体育旅游融合发展的促进

体育旅游业属于综合性产业,由各种不同行业构成。各行业通过提供各自的产品和服务满足体育旅游者不同的结构性需求,并在满足体育旅游者的总体需求下统一起来。

随着我国体育旅游业的逐步发展,我国户外体育旅游产业不断发展成熟。目前,我国已经形成了如下较完整的户外体育旅游产业体系,为满足户外体育旅游爱好者的旅游需求和优化旅游体验奠定了良好的产业基础。

①旅游餐饮住宿业:饭店、宾馆、餐厅、野营营地等。

②旅行业务组织部门:体育旅游经营商、体育旅游经纪人、体育旅游零售代理商、体育运动俱乐部等。

③交通运输通信业:航空公司、海运公司、铁路公司、公共汽车公司、邮政局、电信局等。

④旅游经营部门:体育主题公司、体育运动基地。

⑤旅游组织部门:国家旅游组织(NTO)、地区旅游组织、体育旅游协会等。

3. 大众旅游消费观念日益成熟对户外运动与体育旅游融合发展的促进

随着我国经济的发展,我国大众的体育消费观念发生了重大的变化。随着人民生活水平的不断提高,传统的健身活动已经无法满足个体的需要，逐渐产生多元化的健身需求，这是我国户外运动持续发展和体育旅游业迅速发展的一个重要的原因。

休闲时代，人们生活水平提高，休闲时间增多，而城市化进程过快等使人们的身心受到威胁。在这样的社会大背景下，我国迎来了以文化、生态、健康、体验等方式为代表的第三次旅游发展浪潮，为我国户外体育旅游的发展提供了良好的社会机遇。[①]

第三节　阳光体育视域下学校户外运动的可持续发展

一、学校户外运动发展概况

阳光体育运动自 2006 年提出后，户外运动在学校体育教学中不断开展，到现在，我国各级各类学校仍然没有建立起较为完善的户外运动教学体系。户外运动在学校的开展存在诸多问题，主要集中表现在以下几方面。

（一）户外运动教学内容与课时的矛盾突出

户外运动被纳入我国学校体育教学的时间不是很长，有很大一部分户外运动是新兴的运动（如攀岩、轮滑、漂流、溪降、定向运动等），因此，不仅学生投入学校户外运动类体育课程中需要一定的适应时间，教师组织和管理教学也需要一定的准备时间。

现阶段，我国各学校的阳光体育专项教学课的课程设置，通常一节体育课的时间为 90 分钟。短时间内，教师不仅要进行户外运动的理论教学，还要组织学生进行实践活动，教学内容多、课时有限，难以满足师生的教与学的需求。

---

① 张油福，国伟，黄晓晓．贵州发展山地户外体育旅游休闲产业的 SWOT 分析研究[J]．南京体育学院学报（社会科学版），2013,3(27).

（二）户外运动组织管理不完善

从我国当前学校户外运动类体育课程教学现状来说，户外运动类体育课程教学的组织与管理还处于尝试阶段，很多组织管理方式、方法等都是从传统体育课程教学中挪用过来的，并不能完全适应具有更加开放性的户外运动的教学课活动组织。

学校户外运动类体育课程教学不同于非体育学科教学，也不同于传统体育课程教学。户外运动更加强调学生的参与性、运动项目活动组织和设置的目的性和计划性，但是在实际教学中，组织管理混乱，往往难以使学生真正体验到户外运动的魅力。

（三）学生丰富多样的户外运动需求难以满足

当前，我国学校户外运动类体育课程教学过程中，学生的需求呈现出多元化的态势，但是作为一种新兴体育课程，学校户外运动课程内容只涉及少数几种户外运动项目。我国学校户外运动类体育课程教学内容单一、笼统，不能充分照顾每一个学生的运动需求，不能满足学生的多元化需求，不利于提高学生户外运动参与与学习的积极性与主动性的调动。

除了上述突出问题，体育基础设施和场地短缺也是当前我国学校户外运动开展的一个重要制约因素。

二、阳光体育下学校户外运动可持续发展对策

（一）突出户外运动教学的专业化

户外运动强调学生的体育锻炼意识和习惯的培养，在开展初期对学生的技术要求并不是很高。基于此认知，许多体育教师普遍认为，户外运动是作为一种重要的休闲娱乐方式而存在的，不需要给学生安排太多的专业技术知识和理论知识，甚至有一些教师以户外体育游戏和学生自由体育活动代替户外运动教学活动

的开展。

　　户外运动是学生根据自身的兴趣和爱好自发参与的活动,因此,能够最大限度调动学生的积极性和创造性。学校户外运动开展重视学生的体育锻炼意识培养和参与习惯培养,也强调学生的运动技术的专业化掌握(这一点经常被忽视)。

　　以山地自行车为例,如果不具备专业的登山技术,很容易在运动参与过程中发生危险,对此,教师必须认真对待每一项户外运动课程的教学,在教学过程中突出专业性。

(二)推进户外运动的个性化教学

　　从教学角度来讲,新时期的学校体育教学强调教学应促进学生的全面发展,促进每一个学生都有所发展,因此,结合学生特点因材施教、开展个性化教学非常必要。

　　从社会发展角度来讲,现代社会注重个性化的发展,每个社会中的成员只有成为社会上的独一无二的人才,才能在激烈的社会竞争中取胜。

　　当前,随着大众户外休闲体育健身发展和学校对户外运动发展的重视,学校体育教学和课外体育活动中引入的户外运动项目越来越多,为丰富学校户外运动课程体系奠定了良好的基础,户外运动的选修课课程也为学生的自主选课提供了很大的自由度,在进行户外运动项目选择时,学生会根据自身的个性特点进行选择,而在参与户外运动过程中,也会表现出一定的个性特征,对此,一定要重视学生户外运动特长和个性化教学。

(三)注重理论与实践课程的统一建设

　　长期以来,我国的学校体育教学一直都过度重视体育实践教学而忽视体育理论课教学,不能很好地将理论和实践教学有机结合起来。

　　当前,在我国各类高等院校的户外运动课程教学中,受传统体育教学的影响,体育教学的重点仍然主要放置在户外运动技术课程教学,即实践教学上,对户外运动专业理论课程、相关理论课程涉及较少。

实践需要理论指导,尤其是包括户外运动在内的体育运动实践存在一定的危险性,更加需要理论的指导,而如果理论课程与实践课程安排不合理就会影响学生户外运动专业知识和技术的可持续发展,因此,必须重视学生的户外运动理论教学,并重视理论与实践的有机结合。

(四)加强教师队伍建设

目前,我国户外运动授课教师主要依赖传统的社会体育专业和体育教育专业,师资力量是当前制约我国学校户外运动发展的一个重要的现实问题。

在学校大力推进阳光体育运动开展过程中,教师对学生具有重要的影响,调查显示,学生通过教师了解阳光体育运动的途径最多,占总比例的 45％;学校宣传途径其次;班级活动和其他途径再次之。[①] 因此,必须重视通过教师建设来进一步推动阳光体育下学校户外运动的科学、有效开展。

要实现学校户外运动的可持续发展,必须加强教师队伍建设,不断增强户外运动的教师队伍建设。结合我国学校体育教师队伍发展现状,解决现阶段相关师资问题,应做好以下工作。

①加强教师理论素养:对于当前从事户外运动教学的教师,重视对其系统的户外运动培训,突出户外运动教学的专业性。

②加强教师联合指导:重视户外运动研究在学者交流、教师培训、理论指导等方面的指导作用。通过举办教师交流活动,促进本校体育教师结合本校实际开展户外运动。

(五)完善体育教学设施

体育物质基础对体育教学具有重要的促进作用。体育教学

---

① 张童. 武汉市中小学"阳光体育运动"的开展现状与对策研究[D]. 武汉:华中师范大学,2013.

工作的开展是以充足的硬件设施为基础和保障的,这是毋庸置疑的。如果学校缺少硬件设施,那么必然会影响体育教学的质量,这样教师的主导作用、学生的主体作用都难以发挥出来,学生参与体育活动的积极性也会受到打击。

对于我国学校户外运动课程及各种项目活动的顺利开展来说,学校必须给予高度的重视,注意规划好体育物资设备;优化建设与科学管理相关体育设施资源,提高体育设施资源利用率,确保学生校内户外运动的顺利开展。

第四节　阳光体育视域下户外运动的长效发展

一、树立户外运动科学化理念

(一)提倡绿色消费

户外运动的持续、有效开展,必须确保户外自然环境的有效保护,如此才能实现户外运动的长效开展与发展。可以说,保护运动环境是开展户外运动的首要任务。

就大众户外运动的开展来说,随着我国户外运动热潮的兴起,受商业利益驱使,大量的不良户外资源开发、户外运动消费使得大自然户外运动环境受到了严重破坏,对于这种不健康的开发和消费行为,必须纠正,纠正当前体育旅游消费者的不良消费观念,克服和消除消费主义文化对体育的不良影响,运用生态学观念规范体育消费行为,提倡绿色消费。

提倡绿色消费,一方面能减少消费者不良行为对体育旅游资源的破坏程度;另一方面也能减少和杜绝那些只为了迎合消费者的过度、不合理开发。

当然,必须认识到,绿色消费并不是要求人们不消费,重回农耕时代或过原始生活,而是要求尽量减少奢侈性产品消费,强调户外运动过程中的精神体验,通过对户外运动消费者的精神丰富来提升运动幸福感。[①]

(二)科学规划

发展户外运动,开发户外运动环境,应重视资源的合理开发,注意资源开发的可行性分析,不可盲目进行。应重点考虑以下几点。

①体育活动直接作用于自然旅游资源的破坏性程度大小。

②如何管理和保护并且避免或减小破坏程度。

③体育活动项目与整个景区的景观是否协调一致。

④对当地现有交通和运输量、宾馆、项目等各方面进行详细的分析和预测,并制订出开发的计划和应对破坏的具体方案。

(三)防护结合

1. 加强资源保护

加强户外运动所需自然环境与资源的保护,注意方法的选择,采取的保护措施和方法要注意科学性和合理性。在保护的过程中,各管理部门要将保护落到实处,创新出高效节能、经济消耗小的保护方法,促进户外运动所需自然环境与资源的可持续发展。

2. 防范人为破坏

一方面,加强对开发和建设的决策者、体育旅游业的经营者的思想教育,合理开发,注重保护。

另一方面,提高户外运动者与当地居民的基本素质,严防户外运动所需自然环境与资源的人为破坏。

---

① 李凌. 论体育消费与体育生态化发展[J]. 山东体育学院学报,2016,1(32).

（四）优化体验服务

户外运动以自然环境为场地，体现出异地性特点和探险性特点；参与者是直接参与户外运动，而不是以观看、欣赏等间接的参与形式参与户外运动。[①]

二、开拓户外运动的产业和市场

（一）培育市场消费主体

休闲时代，人们对体育文化的需求更多地倾向于娱乐、休闲，观看与欣赏户外运动文化表演、户外运动赛事是现代人接触和参与户外运动文化的重要方式。

在我国户外运动发展初期和现阶段，通过户外运动文化表演、户外运动赛事举办，户外运动的娱乐性、观赏性、竞技性得到了充分展示，极大地促进了我国户外运动的发展，也推动了户外运动产业和市场的发展。

为进一步实现户外运动的长效发展，应在市场经济条件下，注重进一步开拓户外运动的产业和市场。

首先，将户外运动作为一种文化商品来进行推广是户外运动发展的必然趋势。将户外运动系列产品进行推广时应将其文化作为核心，充分地挖掘户外运动中的休闲娱乐元素，重视户外运动文化品牌的建立与推广，开发不同的户外运动消费产品，为消费者提供更多自由选择的权利，满足消费者的多样化需要，以此刺激潜在的户外运动消费者，使更多的人通过户外运动消费了解户外运动。

其次，政府应正确引导人们从事户外运动健身，鼓励户外运动消费，培育户外运动消费主体，在满足个人对户外运动的要求

---

① 顾晓艳，孟明浩，俞益武．休闲观光农业与户外运动的复合开发策略及实证研究［J］．浙江农林大学学报，2012，29（1）．

的同时,促进户外运动产业的发展。

最后,户外运动市场经营主体不仅要根据户外运动消费者的不同年龄、职业、收入、兴趣爱好等进行市场细分,开发适销对路的户外运动消费产品,拓展市场,开发潜在客户,还要重视对现有的户外运动消费市场的保护。

（二）坚持产业化发展

在现代社会背景下,正确处理传统文化与现代发展之间的关系,发扬民族文化的优势,积极适应现代化变革,树立均衡、和谐发展的文化生存理念,是解决民族传统文化面临的生存困境和危机。以风筝为例,推动风筝文化的产业化发展是风筝文化传承的一个重要发展方向。又如,在当今市场经济社会背景下,我们必须把传统武术作为一个产业来开发,不断提高传统武术自身的市场竞争力,让传统武术主动参与市场竞争,使其在激烈的市场竞争中谋求持续发展之路,并最终促进传统武术在现代化社会中的发展。

（三）完善市场管理

体育市场的发展需要相关管理政策提供保障和支持,户外运动产业和市场发展也不例外。

目前,要实现户外运动市场的持续发展,必须加强市场监督管理:政府应当对产业市场主体进出市场的资格进行严格把关,严厉查处并惩罚不正当竞争行为,通过政府的宏观调控手段对市场经济活动实施监督和管理,为户外运动市场健康发展创造良好的秩序与环境。

（四）注重人才培养

在户外运动多样化的环境下,不管是专职还是兼职人员,不管是高层管理还是基层建设,要想持续发展,就必须要有经验丰富又有户外特长和技能的专业的人才。[①]

同时,还要加强对户外运动的资源保护类人才的培养,通过培养出专业的资源保护人才,来提高整个户外运动的环境质量。

三、加强户外运动发展的法制体系建设

(一)以法律规范市场发展

加强体育法制建设,规范体育无形资产的商业性使用行为,提高体育资源的配置效率。同时,在客观上促进与户外运动发展相配套的预算法、价格法、财政支出法、市场监管法等的完善。

(二)加强体育资源法制保护

户外运动开展的体育环境与资源保护不能仅仅依靠教育、倡导,必要时应通过法律手段确保户外运动的环境与资源受到良好保护,严厉打击任何过度开发和破坏行为。因此,必须加大执法力度,严惩破坏者,确保合理开发,永续利用。

(三)加强学校体育教学的法制性

自全国开展亿万学生运动以来,国家多部门又相继颁布文件和召开会议关注学生体质,通过各种政策、法规确保学生的体育教育权、体育参与权。

开展户外阳光体育运动,必须坚持依法治教,规范办学行为,严格执行国家有关体育课时的规定,上足上好体育课,不得以任何理由挤占体育课时。[②] 确保每一个学生都能有充分的时间参与阳光体育运动。

---

① 罗建达,蒋小翠体育旅游营销模式下的广西户外运动发展现状与对策研究[J].搏击(体育论坛),2015,12(7).
② 林顺治,吴冰.我国"阳光体育"长效机制与战略对策[J].河北体育学院学报,2010,1(24).

四、坚持和促进户外运动的国际化发展

当前处于全球化经济一体化发展新时期,如果发展中国家做好迎接经济全球化这一趋势的准备,而且准备充分,经济全球化所带来的利益必然是大于弊端的。我国从改革开放至今,经济的腾飞就是最好的例子。我国户外运动的长效发展也必须立足国际,坚持国际化发展眼光和目标。

在推动户外运动国内发展的同时还应加强户外运动的国际交流,坚持"走出去",利用各种手段和方式加快户外运动向世界的推广。

第四章 户外运动体制体系的科学构建与发展完善

在当前阳光体育和全民健身的号召下,我国户外运动的规模越来越大,但由于户外运动与其他体育运动的开展环境、开展方式方法不同,且其与其他体育相关产业和行业的发展关系密切,使得我国的户外运动发展并无其他体育运动发展的经验可循,户外运动的自由化发展又可能会导致市场混乱、资源浪费、环境破坏,而且个体参与和运动不当也可能会导致损伤。上述宏观问题和个人运动问题需要通过户外运动的体制体系与个人运动保健体系的建设与完善来解决,同时还应做好社会和个人户外运动的安全管理,只有为户外运动发展提供一个健全的体制,才能促进户外运动的科学化发展。本章主要就户外运动的多元化体制体系的构建与发展完善进行研究,以此为户外运动的科学发展提供指导与启发。

第一节 户外运动的法规制度的健全

一、户外运动法规制度概述

(一)户外运动法规制度层级

法规是国家强制实行的规范性文件,户外运动的法规是对户外运动的开展、发展进行管理的规范性文件,根据法规文件的级别,它可分以下几种。

①基本法律:由全国人民代表大会制定并修改,如《中华人民共和国体育法》(简称《体育法》,下同)。

②其他法律或普通法律:由全国人民代表大会常务委员会制定并修改。

③行政法规:由国务院制定并修改。

④地方法规:由省、直辖市人民代表大会常务委员会制定并修改。

⑤自治条例:由民族自治地方的人民代表大会常务委员会制定并修改。

⑥部门规章:由国务院各部、委、总局、局、办、署,经国务院批准制定的一种在本部门管辖范围内有效的法律或法规。

(二)户外运动法规制度类型

1. 综合性户外运动法律法规制度

针对包括户外运动在内的整个体育事业、体育产业的发展制定的法规制度,属于综合性的户外运动法律法规的范围,此类法律法规为我国体育运动的整体发展提供了依据,可让我国体育的整体发展有法可依。

具有代表性的法律法规制度主要有《体育法》《关于加快发展体育产业的指导意见》《关于加快发展体育产业促进体育消费的若干意见》《体育发展"十三五"规划》《青少年体育"十三五"规划》《全民健身计划(2016—2020)》《"健康中国2030"规划纲要》等。

2. 户外运动单项法律法规制度

当前,我国户外运动的发展规模日益壮大,为进一步规范我国户外运动,确保各项户外运动项目的持续健康发展,我国实施了一系列与户外运动项目相关的制度,对当前推动我国户外运动的健康、可持续发展均具有极大的指导和促进作用。

此类法规制度(尚无法律文件)主要有《国内登山管理办法》《攀岩攀冰运动管理办法》《高山向导管理暂行规定》《冰雪运动发展规划(2016—2025 年)》等。

二、加强户外运动法制建设的意义和目标

(一)加强户外运动法制建设的意义

当前,我国户外运动热潮不断兴起,加强户外运动法制建设对规范和引导我国户外运动发展具有重要意义,具体表现在以下几方面。

①实现对户外运动的依法推进和管理。

②保障人民群众参与户外运动的基本体育权利。

③保障户外运动者的合法权益。

④合理合法地处理户外运动活动、经济活动中的矛盾冲突,协调各种关系。

⑤提高户外运动行业的依法行政水平。

(二)加强户外运动法制建设的目标

①实现户外运动发展的"有法可依,有法必依,执法必严,违法必究"。

②提高户外运动各个参与方的法律意识,保护他们的合法权益。

③搞好户外运动的法制教育宣传工作,创造良好的法制舆论环境。

④提高户外运动从业人员和管理者的法律素质。

⑤提高户外运动体育行政部门依法行政的水平。

⑥健全户外运动法规体系。

⑦加强户外运动法制的科学研究。

三、户外运动法规制度体系构建策略

（一）加强立法与宣传

1. 加强立法，有法可依

构建户外运动法规制度体系，首先要做到有法可依，这就要求国家加强立法，针对我国当前户外运动法律法规不完善的情况，应加强相应户外运动体育法律法规的建设，保证体育运动者的合法运动权利、保证体育消费者的合法消费权益、维持户外运动产业和市场发展秩序，打击户外运动发展中的各种不法行为。

2. 加强法制宣传，创造良好的社会法制环境

对于我国户外运动的法律法规制度体系的构建来说，要为我国的户外运动发展创造一个良好的法制舆论环境。对此，政府应重视对现有的体育法律法规的宣传。

具体来说，应充分利用现代社会强有力的媒体传播功能加强体育法律法规的宣传力度。此外，加强户外运动法律法规的宣传要注意从体育、文化界渗透到社会各界，引导社会大众、市场主体、管理部门依法行事。

（二）加强政府引导和支持

对于一个国家的体育事业来说，政府在其发展中发挥着重要的作用，户外运动的发展离不开政府的引导和干预。因此，构建户外运动法制体系，政府是很重要的一个体系建设者和完善者。

当前，我国正处于社会经济转型期，在商品经济市场条件下，户外运动的发展离不开政府的支持，政府应对户外运动发展方向进行正确的判断和引导，并结合户外运动发展中遇到的各种问题，对发展计划进行及时调整，对各项政策和制度的执行进行检

查,使我国户外运动(竞技户外运动、大众户外运动、户外运动市场)始终沿着正确的方向持续发展。

需要特别指出的是,户外运动产业和市场发展规律的客观存在,要求政府对户外运动发展的支持应在合理的范围之内,政府对户外运动发展的法规制度管理应避免对户外运动市场发展做过多行政干预。

(三)规范市场监管

政府监管是政府宏观调控的主要途径之一。合理的监管制度能够保证新的政策与体制得到真正贯彻与落实。

现阶段,我国户外运动产业发展的相关政府监督制度正处于完善过程中,应着重保护体育消费者(户外运动者)的权益,维护体育企业经营自主权,确保户外运动体育市场的良性运行,并结合户外运动产业整体的发展灵活调整监管方法、力度。

(四)严格行业准入机制

户外运动具有一定的危险性,很多从事户外运动的人都要面临比日常体育健身锻炼更多的潜在危险,为了自身和他人的生命安全,必须严格户外运动行业准入机制。

就从业者来说,要求相关教练、领队必须具备相应的资格认证。对此国家相关职能部门应加大这方面的管理力度,将认证资格纳入国家统一管理体系。

对经营主体来说,发展户外运动市场,应鼓励户外运动体育市场主体入市、参与市场竞争、创新经营管理,这对促进我国户外运动产业的发展具有重要意义。但是,随着我国户外运动参与热潮的兴起,户外运动发展中的各种不法竞争、管理、服务等问题丛生,对于这些问题,必须要坚决杜绝,严格行业准入门槛,将不法行为阻挡在外。

(五)制定行业标准

户外运动用品的质量认证标准是户外运动产业化发展的必

然要求。由于户外活动专业性极强,其产品关系到参与者的生命安全,所以对产品有很高的要求。

以户外运动服装为例,户外运动服装与一般性运动服装不同,它不仅要舒适、便于运动,还要具备防风、防水、保暖、透气和轻便等一系列专业特性,其对功能和品质的苛刻要求使得仅有的极少数的高科技先进材料以及专业性的性能设计才能满足用户需求。在服装制作的任何一个环节出现了问题,都不仅是一种不法竞争和投机取巧,还会危及户外运动参与者的生命安全。对此,必须严格制定行业标准,禁止不符合行业标准的商品生产、流通。

以户外运动的技术服务为例,经营者(俱乐部、旅行社)必须安排专业技术人员提供技术指导和服务,这种服务标准也必须保证户外运动者运动参与过程中的运动安全。

第二节　户外运动的健康保健体系构建

参与户外运动需要比室内运动更多的身心消耗,开放性的自然运动环境也增加了运动者在运动过程中发生伤病的可能性,因此,参与户外运动,对于运动者自身而言,必须要重视户外运动参与过程中和运动期间的营养补充、损伤康复、疾病防治,以建立自身的健康保健体系,为自身更加科学、健康地参与户外运动建立保证体系。

一、户外运动的运动营养补充

(一)户外运动的运动营养物质

营养,是指人体不断从外界摄取食物,经过生理转化吸收以维持生命活动的全过程。食物中的养分科学上称为营养素,人体所需营养素约有 50 种,归属六大类,即糖(碳水化合物)、脂肪、蛋白质、矿物质(无机盐)、维生素、水。各类营养素在人体内的比例和功能各不相同(表 4-1)。

表 4-1　各类营养素在人体内的比例及功能

营养素	体内所占比例(%)	功能		
		供给热能	构成组织	调节生理功能
糖类	1～2	主要功能	次要功能	—
脂肪	10～15	主要功能	主要功能	—
蛋白质	15～18	次要功能	主要功能	主要功能
矿物质	4～5	—	主要功能	主要功能
维生素	微量	—	次要功能	主要功能
水	55～67	—	主要功能	主要功能

营养素在维持人体生理活动中发挥着重要作用,在户外运动期间,更是人体运动消耗的重要能源和代谢物质基础。

1. 糖类

糖类是人体必备营养物质之一,它是人体十分重要的供能物质。

就人体的基本生理活动来说,糖经人体吸收后可在体内以糖原的形式储存,糖分解代谢可释放能量,能够满足机体生理活动所需要的能量。

就个体参与户外运动来说,运动者在参与户外运动时,机体肌肉中 ATP,CP 下降,肌糖原无氧分解时功能有一定的增强,肌细胞内钙含量增多。身体各种激素也会发生相应的一些变化,从而对肌细胞产生一定的影响和作用,促进肌细胞对运动产生适应性变化。在运动强度大、运动时间长的户外运动过程中,机体可消耗大量的能量。运动中,如果氧供应充足,机体的肌糖原或葡萄糖就会被彻底氧化分解成水和二氧化碳,并释放大量能量(该过程即糖发生有氧代谢的过程)。一般来说,运动者的**户外运动主要依靠机体的糖代谢提供运动所需能量,运动后的恢**

复期或长时间运动期间,机体可不断合成糖来为运动提供持续的能量供应。

2. 脂肪

脂肪是人体的重要供能来源物质。无论是否参与运动,脂代谢与人体的健康都有着非常密切的关系。运动可减少脂肪堆积,预防各种肥胖性疾病。

人体的脂肪具有疏水性质,脂肪在体液的水环境中被酶解,就需要借助机体自身的以及随食物摄入的各种乳化剂,形成乳浊液。人体的脂肪吸收途径主要有两种,即通过淋巴和血液两种途径被机体吸收,以前者为主,脂肪被人体吸收后主要在皮下、大网膜、肌肉细胞中等脂肪组织内储存,人体基本生理活动的进行和运动参与过程中,人体的脂肪分解代谢会产生生理活动和运动所需的生能量。

户外运动过程中,运动者的机体首先是通过分解糖类来获得机体所需能量,其次才是通过脂肪分解代谢获得运动能量。

3. 蛋白质

蛋白质是人体重要的生命物质,它是构成机体细胞的主要成分,而氨基酸是构成蛋白质的最小单位。人体中蛋白质的代谢必须遵守一定的规律,否则就会导致代谢紊乱,诱发疾病。运动者机体中的蛋白质代谢也是如此。

通常来说,人体蛋白质的代谢状况与组织的生理活动是相符的。正常成年人体内的蛋白质分解与合成处于一种动态平衡状态,也就是摄入氮等于排出氮,这种状态被称为"氮总平衡"。如果机体组织细胞中的蛋白质的合成大于分解,也就是摄入氮大于排出氮,这种状态被称为"氮的正平衡";如果人体排出氮大于摄入氮,这种状态则被称为"氮的负平衡"。

参与户外运动期间,机体的各种活动能量的蛋白质来源非常少,虽然机体运动时蛋白质可提供一部分能量,但是与糖、脂肪所提供的能量相比,这部分能量是非常少的。蛋白质不是运动的主要供能物质,而是维持人体正常生理活动的重要基础物质。

4. 维生素

维生素是人体的重要营养物质,对人体的生长发育有重要的影响作用,是参与人体生长发育和代谢的一类小分子有机物。人体内不能合成维生素,必须通过食物供给。

虽然维生素不是组织细胞的结构成分,也不能直接为机体参与运动提供能量,但它们对机体的能量代谢及其调节过程有着重要的作用。在人体中,大多数维生素都会参与辅酶的组成,因此,如果缺乏维生素就会对酶的催化能力产生影响,引起代谢失调,从而使机体的运动能力有所降低。

5. 矿物质

矿物质在人的日常食物中大量存在。不同的矿物质被人体吸收的程度不同,主要包括三种情况。具体来说,钠、钾、铵盐等一般单价碱性盐类,人体吸收很快;人体吸收很慢的主要是多价碱性盐类;硫酸盐、磷酸盐和草酸盐等能与钙结合而形成沉淀的盐,人体不能吸收。

矿物质在人体中的存在状态和形式有两种,一种形式是磷酸盐(如钙、镁、磷元素等)的形式,主要作为结构物质在骨骼中存在;另一种以离子形式(如钙、镁)在体液中存在,称为“电解质”。

6. 水

人体 70% 是由水构成的,水分是组成生物体的重要成分,是维持生命所必需的物质。保持体内水分代谢平衡是维持机体正常生命活动的重要保证。通常来说,体内大部分水分是从食物和饮料中而来的,只有小部分是在体内物质代谢过程中产生的。人体内水的排出形式主要是通过肾脏以尿液的形式排出体外,其次是通过皮肤、肺以及随粪便排出。

运动时,体内产热量增加,水分排出及维持体温恒定的主要途径就是出汗。出汗会导致体内水分的流失,因此,运动者户外运动期间应重视机体水分供给变化情况,注意及时、适量地补水,以保持机体水分的平衡。

野外生存、洞穴探险、丛林穿越、沙漠徒步等需要历时较长时间完成的户外运动中,尤其要注意水分补充,避免过度缺少水分而危及生命。

(二)户外运动的运动营养物质的消耗与补充

1. 糖类的消耗与补充

(1)户外运动中糖类的消耗

糖类是身体热能的主要来源,在没有及时补充而又继续运动的情况下,对糖类的大量需要只能来自体内贮存的糖原,从而造成糖原枯竭。严重的糖原枯竭有时是致命的。

(2)户外运动补糖方法

运动前补糖:运动前的数日增加膳食中的糖类食物,或在参加运动前的1~4小时每千克体重补糖1~5克。

运动中补糖:运动过程中,每隔20分钟补充含糖饮料或容易吸收的含糖食物,补糖量一般不大于20~60克/小时或1克/分钟,可少量多次饮用含糖饮料。

运动后补糖:大强度的运动后,越早补糖越好。可在运动后即刻补糖、运动后2小时内补糖、每隔1~2小时连续补糖。补糖量以0.75~1.0克/千克体重为宜。

(3)户外运动补糖的注意事项

①提前补糖以预防糖的过度消耗非常重要,但是应避免在运动前30~90分钟补糖,以防血液中胰岛素升高。

②补充糖类时要注意控制,不宜过多,否则会造成身体过多的热量堆积。

2. 脂肪的消耗与补充

（1）户外运动中脂肪的消耗

脂肪是人体参与运动的重要"燃料库"，运动期间的脂肪消耗可给人们提供大量的运动所需的能量，坚持运动并控制饮食中的脂肪摄入可减少身体的脂肪堆积，这就是由运动期间体内的脂肪消耗大于补充所导致的，因此，运动可减脂塑身。

（2）户外运动补脂方法

人体摄入的脂肪量以占摄入总能量的 20%～25% 为宜，注意选用一些含不饱和脂肪酸的食用油，少吃动物性脂肪，花生、玉米、大豆、芝麻、橄榄、豆腐等素食中含有丰富的不饱和脂肪酸。如果偏好肉类可以多食用鸡肉、鱼肉等。

（3）户外运动补脂的注意事项

户外运动期间，要严格限制摄入脂肪的质和量，如果过多摄入脂肪，可能会引起心血管疾病、脂肪肝等疾病。而对于运动者来讲，摄入过多脂肪会增加体重，导致运动速度下降。脂肪补充应以满足运动需要为限。

3. 蛋白质的消耗与补充

（1）户外运动中蛋白质的消耗

户外运动中蛋白质的代谢以分解代谢为主，因此要重视补充一定量的蛋白质以应对较多的代谢消耗，可见，蛋白质的适时补充是极为重要的。

（2）户外运动的蛋白质补充方法

对参与户外运动的人来说，参与攀岩、山地自行车、滑冰、滑雪等对力量素质和耐力、速度素质要求较高的户外运动项目时，运动者应注意蛋白质的额外摄入与补充，运动期间的蛋白质供应量应达到 2 克/千克体重，优质蛋白质应占 1/3。

（3）户外运动补充蛋白质的注意事项

运动前蛋白质的摄入不宜过多，这主要是因为蛋白质食物的特别动力作用强,蛋白过多可提高机体代谢率,需要大量水分,而运动也会消耗大量水分,这样很容易导致机体缺水。

奶制品和每餐不同豆类及谷物中含有大量的蛋白质。一般来说,非比赛期的户外运动,每千克体重/天/1克蛋白质就够了。过多摄入蛋白会造成人体钙质流失,并增加肝脏负担。

4. 维生素的消耗与补充

正如前面所说,维生素可参与机体代谢调节,户外运动中运动者体内的物质代谢会加强,对维生素的需要量也会增加。剧烈运动可使维生素缺乏症提前发生或症状加重,因此应及时补充维生素。

维生素大部分不能在人体内合成,或者合成量不足,不能满足人体的需要,因此必须要从食物中摄取。不同的食物含有不同的维生素种类,补充维生素时应注意食物种类的选择(表4-2)。

表4-2　主要维生素的食物来源

维生素	食物来源
维生素 A	动物肝脏、鳕鱼、大比目鱼和鱼油、鸡蛋、肉类、奶及奶制品;绿叶菜类、黄色菜类以及水果类,如胡萝卜、豌豆苗、红心甜薯、青椒、菠菜、苜蓿等
维生素 B_1	豆类、糙米、牛奶、家禽、葵花子仁、花生、瘦猪肉等,以及小麦、小米、玉米、大米等谷类食物
维生素 B_2	瘦肉、蛋黄、糙米、小米及绿叶蔬菜、紫菜、香菇、鲜豆、花生等;牛肝、鸡肝、螃蟹、鳝鱼、小麦胚芽、鸡蛋、乳、奶酪等
维生素 B_6	肝、鸡肉、鱼肉、牛奶、酵母、豆类、蛋黄、糙米、绿叶蔬菜、香蕉和坚果类等
维生素 B_{12}	动物的肝、肾、肉,以及蛋、鱼、奶等
维生素 C	刺梨、猕猴桃、鲜枣、辣椒、苦瓜、柑橘、番茄、菜花、草莓、荔枝、白菜、西芹、莴笋、南瓜、梨、苹果、香蕉、桃子、樱桃等水果、蔬菜等
维生素 D	动物肝脏特别是海鱼肝脏制成的鱼肝油、鱼肉、蛋黄、奶油等
维生素 E	小麦胚芽、大豆、植物油(葵花籽油、芝麻油、玉米油、橄榄油、花生油、山茶油等)、绿叶蔬菜、猕猴桃、坚果类;瘦肉、乳类、蛋类、鱼肝油等

在大强度的户外运动项目参与过程中,饮食无规律、偏食的运动员出现维生素缺乏时,应及时检查,适时适量补充维生素。

5. 矿物质的消耗与补充

人体的基本生理代谢活动离不开矿物质的参与,有机体参与运动更离不开矿物质的代谢影响和发挥的生理作用。参与户外运动可导致机体运动代谢的活跃,使得机体的矿物质消耗增加,其中,受生理因素的影响,运动者更容易缺钙,应该重视钙的补充。

户外运动中,根据不同矿物质的消耗情况和对运动能力的重要影响,应特别注意以下几种矿物质的补充。

①钾(K^+):口服钾可迅速恢复生长素水平和胰岛素样生长因子的水平。

②铁(Fe^{2+},Fe^{3+}):户外运动中,铁需求量大、丢失严重,再加上摄入不足,容易导致铁营养不良。因此,运动者在膳食中应加强铁的摄入。

③锌(Zn^{2+}):锌与运动能力关系密切,它是多种酶的组成成分和激活剂,能调节体内各种代谢,并影响睾酮的产生和运输,可饮用含锌饮料来补充锌。

④硒:硒是机体内谷胱甘肽过氧化物酶的辅助因子,具有消除过氧化物、增强维生素 E 的抗氧化能力等作用。训练期间,运动者硒的摄入量应为平时的 4 倍,每天 200 微克为宜。

补充矿物质以食补为最佳,户外运动者应对食物中的矿物质含有情况有基本的了解(表 4-3)。

表 4-3　主要矿物质的食物来源

矿物质	食物来源
铁	动物血、肝脏、蛋黄、猪肾、羊肾、牛肾、大豆、黑木耳、芝麻酱、牛肉、羊肉、蛤蜊和牡蛎、果干、啤酒酵母菌、海草、小麦和谷物、菠菜、扁豆、豌豆、芥菜叶、蚕豆、瓜子等

续表

矿物质	食物来源
锌	牡蛎、牛肉、猪肉、羊肉、动物肝脏、鱼类和海产品类,以及豆类、粮谷类、坚果类等
钙	牛奶、奶酪、虾皮、鸡蛋、豆制品、海鱼、海带、紫菜、芝麻、山楂等
碘	海带、紫菜、海鱼、蛤干、蚶干、干贝、海参、淡菜、海蜇等
硒	海鲜、蘑菇、鸡蛋、猪肉、大蒜、银杏、坚果、全粒谷物(全麦面包、燕麦粥、大麦)、白米和豆类等
磷	瘦肉、禽、蛋、鱼、坚果、海带、紫菜、芝麻酱、花生、豆类等
镁	紫菜、麦芽、全麦制品、糙米、新鲜玉米、花生、香蕉、荞麦面、高粱面、燕麦、蛋黄、豆类、蔬菜、蘑菇、杨桃、桂圆、核桃仁以及虾米、海产品等
锰	糙米、小麦、茶叶、干菜豆、莴苣、马铃薯、大豆、向日葵籽、坚果类(如核桃、栗子、花生)等

6. 水的消耗与补充

户外运动期间,活动量大,运动者会因大量出汗而流失机体水分,应重视科学补充水分,以保持机体的水分平衡。

户外运动中的合理补水应该遵循以下原则。

①预防性:训练前提前补水,预防避免脱水的发生。

②少量多次:避免一次性大量补液,以免增加胃肠负担。

③补大于失:补液的总量一定要大于失水的总量,以便于训练后的体能快速恢复。

④补水同时兼具电解质的补充,可饮用运动饮料。

二、户外运动的运动损伤康复

(一)擦伤

1. 损伤原因及征象

擦伤,是指有机体表面与粗糙的物体相互摩擦而引起的皮肤表层的损害。

户外运动中,擦伤十分常见,运动过程中摔倒,剐蹭到岩石、树木等,都有可能导致局部肌肉组织擦伤。

擦伤后,可见皮肤表皮剥脱,并伴有小出血点和组织液渗出。

2. 康复护理方法

①较轻较小擦伤:可以用生理盐水或其他药水冲洗伤部,涂抹红药水或紫药水,一周左右就可痊愈。面部擦伤宜涂抹 0.1% 新洁尔溶液。

②较大擦伤伤口:为避免被污染,需用碘酒或酒精在伤口周围消毒,如果创面中嵌入沙粒、炭渣、碎石等,应用生理盐水棉球轻轻刷洗,消除异物,消毒后撒上云南白药,盖上纱布,适当包扎。

③关节周围擦伤:注意清洗、消毒,然后用磺胺软膏或青霉素软膏等涂敷。

(二)挫伤

1. 损伤原因及征象

挫伤是指在运动中机体某部分由于受到钝性外力的作用,导致该部分及其深部组织产生闭合性损伤,如跑、跳等动作都非常容易产生挫伤。

户外运动中,四肢和关节在运动时过于紧张会导致挫伤,运动中猛烈的撞击也会导致挫伤的发生。

挫伤后,常出现肿胀、疼痛、皮下出血和功能障碍等症状。

2. 康复护理方法

①挫伤发生后的即刻护理:伤部冷敷、外敷新伤药等,并适当进行加压包扎,抬高患肢,减少出血和肿胀。

②股四头肌和小腿后群肌肉严重挫伤:对受伤肢体进行包扎固定后,迅速送往医院进行诊治。

③头部、躯干部的严重挫伤:认真观察呼吸、脉搏等情况,休克时应首先进行抗休克处理,使伤员平卧休息、保温、止痛、止血,疼痛甚者,可口服可卡因,或肌肉注射哌替啶,并立即送医院诊治。

④手指挫伤:冷水冲淋。通常休息一段时间后疼痛可减轻,几天后痛感消除,能做屈伸动作。

⑤面部挫伤:24 小时内局部冷敷,24 小时后热敷,促进消肿和皮下瘀斑的吸收;凡裂伤,伤后 6 小时内清创缝合,伤后 24 小时内用破伤风抗生素,预防破伤风杆菌感染;骨折、牙齿断裂者应就医。

(三)拉伤

1. 损伤原因及征象

拉伤是指肌肉在外力的作用下过度主动收缩或被动拉长致伤。

造成肌肉拉伤的原因有很多种,如准备活动不充分、动作不协调、技术方法不得当等。在户外运动中,猛烈突然的大幅度动作(如攀岩中的快速跳起支点移动或蹬跨移动),肌肉组织主动收缩或被动拉长超出其所能承担的能力时便会出现大腿肌肉拉伤。

对于户外运动初次参与者或者运动素质较差、经验较少者,运动者的肌群训练不足,肌肉弹性、伸展性差,肌力弱都容易发生肌肉拉伤。

肌肉拉伤后,受伤部位会出现压痛、肿胀、肌肉痉挛等症状,拉伤部位可摸到硬块。

2. 康复护理方法

①轻微拉伤和伴有少量肌纤维撕裂者,伤后应立即给予冷敷,局部加压包扎,休息时应抬高患肢。

②伤后 24~48 小时后可理疗和按摩,按摩时手法宜轻柔,伤部仅能做些轻推摩,伤部周围可做揉、捏、搓等,同时配合点压穴

位(宜取伤周穴位)。

③肌肉大部分或完全断裂者:局部加压包扎,固定患肢,及时送医。

(四)扭伤

1.损伤原因及征象

扭伤是指关节发生异常扭转,引起关节囊、关节周围韧带和关节附近的其他组织结构损伤。户外运动中,常见扭伤部位为腰部和踝关节部位。

扭伤出现以后,会出现关节活动受限和疼痛,关节及周围出现疼痛、肿胀,有明显的压痛感觉,关节活动障碍。

2.康复护理方法

①急性腰扭伤:平卧休息,冷敷患处。不建议盲目使用手法治疗。

②踝关节扭伤:压迫痛点止血,抬高伤肢,用较大的棉花块或海绵垫加压包扎。

(五)肩袖损伤

1.损伤原因及征象

肩袖损伤(肩袖损伤性肌腱炎),多由肩关节长期超常范围急剧转动、劳损、牵拉、摩擦而引发。

肩袖损伤发生时,肩外展会感到疼痛,有时会向上臂、颈部放射。当肩外展或伴有内外旋转时,疼痛会加重。

2.康复护理方法

①急性发作期间,暂停运动,肩关节制动,上臂外展30°固定,以减小有关肌肉张力而减轻疼痛。

②适当休息、调整后,可采用物理治疗、按摩和针灸等方法进行治疗。

③有肌腱断裂并发症时应立即就医。

(六)关节脱位

1. 损伤原因及征象

关节脱位,俗称脱臼,是指关节面失去正常的联系的损伤。出现关节脱位时,如果不及时进行复位,血肿会肌化而发生关节粘连,使关节复位的难度增加。

关节脱位后,会伴有关节囊撕裂,关节周围的软组织损伤或破裂,出现畸形。伤者的主观感觉有疼痛、压痛和肿胀,关节功能丧失,不能活动。

2. 康复护理方法

①肩关节脱位:用三角巾悬挂前臂包扎固定。

②肘关节脱位:用铁丝夹板,弯成合适的角度,置于肘后,用绷带缠稳,再用小悬臂带挂起前臂,也可直接用大悬臂带进行包扎固定。固定伤肢后及时复位。

(七)腰肌劳损

1. 损伤原因及征象

腰肌损伤,又称腰肌筋膜炎,一般来说,患者在患有急性腰扭伤后并未根治,并且腰部的活动量和负荷量仍旧未减,久而久之,可形成腰部机体组织的慢性损伤。

腰肌劳损最主要的一个特点是长期保持一个身体姿势时,尤其是腰部长时间处于紧张状态时,腰部肌肉酸痛,最常见的疼痛部位是腰椎 3,4,5 两侧骶棘肌鞘部,也可能同时感觉到臀部或大腿外侧的麻痛感。

2. 康复护理方法

①腰肌劳损发生后,注意休息和放松,可按摩、理疗,或口服药物减轻疼痛。

②顽固性病例可考虑手术治疗。

(八)髌骨劳损

1. 损伤原因及征象

髌骨劳损,又称"髌骨软骨病"和"髌骨张腱末端病",是髌骨的关节软骨面和髌骨因缘股四头肌张腱膜的附着部分的慢性损伤。

髌骨劳损发生后,人会出现膝软与膝痛感。根据运动量和强度的不同,疼痛感程度不同,二者成正比,损伤不严重者可在运动休息后感觉到疼痛减轻或消失。顽固性伤者在特殊气候(如阴天下雨)中即使不运动也会疼痛。

2. 康复护理方法

调整运动量和局部负荷,并采用按摩、揉捏、搓等手法依次反复按摩和点压髌骨周围穴位等方法。

(九)韧带损伤

1. 膝关节韧带损伤

户外运动中,突然扭转身体(如转身扭腰但膝盖固定),大腿随躯干突然内收内旋,在膝关节处形成了一个扭转力,或来自膝外侧的一个向内侧的冲撞力,可导致膝关节韧带扭伤和拉伤。

膝关节韧带损伤后,可瞬间感到剧烈疼痛,韧带受伤部位有明显的压痛点,常伴有半腱肌、半膜肌痉挛。

康复护理方法：

①弹力绷带做 8 字形（内侧交叉）压迫包扎，继续用冰袋冷敷。

②韧带完全断裂者则病情症状表现明显加重。

③用棉花夹板固定并及时送往医院做更进一步的处理。

2. 膝内侧副韧带损伤

户外运动场地、技术等可造成膝关节内翻，引起外侧副韧带损伤。伤后，膝内侧压痛、肿胀、皮下淤血、小腿外展或膝伸时疼痛与功能障碍。

康复护理方法：

①立即冷敷、加压包扎、制动，减少出血、止痛，以避免并发症。

②伤后 24 小时左右可视伤情采取中药外敷或内服、按摩、理疗等康复手段，促进淋巴和血液循环，加速渗出液和积血的吸收。

③膝内侧副韧带完全断裂者应进行手术缝合。

3. 踝关节韧带损伤

在户外运动中跳起落地时缓冲不当，可导致踝关节内旋、足疏屈内翻位受伤。伤后踝关节有疼痛、肿胀感，运动能力受限。

康复护理方法：

①冰袋冷敷，若无条件可用凉水降温，以缓解疼痛。

②损伤严重者应及时就医。

（十）脑震荡

1. 损伤原因及征象

致伤后即刻可出现神志不清、脉搏徐缓、肌肉松弛、瞳孔稍大、神经反射减弱或消失等主要征象。清醒后常有头痛、头晕、恶心、呕吐感,并有情绪烦躁、注意力不集中、耳鸣、失眠、记忆力减退等症状。

2. 康复护理方法

①伤后未昏迷的即刻护理:患者平卧,头部冷敷。

②伤后昏迷者,即指压人中、内关、合谷穴;如果呼吸发生障碍,则立即进行人工呼吸。

③脑震荡较严重者:反复昏迷或耳、鼻、口出血,两瞳孔放大且不对称时,表明病情严重,应立即送医院治疗。在运送途中,要让患者平卧,头部固定,谨防颠簸。一般都可自愈,无须住院,但要注意休息和必要的药物治疗,保持情绪稳定,减少脑力劳动。

④脑震荡恢复期:定期做脑震荡痊愈试验,以检查康复状况。其方法:闭目,单腿站立,两臂平举,如果能保持平衡,表明脑震荡已基本治愈。这时,可适当参加体育锻炼,但要避免滚翻和旋转性动作,以免复发。

(十一)骨折

1. 损伤原因及征象

骨的完整性遭到破坏的损伤称为骨折。户外运动中,起跳冲撞的突然落地可导致运动员骨折,腿部骨折和脚部骨折多发,足部跖骨、距骨、跟骨发生闭合性骨折的概率较高。

2. 康复护理方法

①临时固定,用夹板和绷带固定伤部。
②就医检查骨折情况,进一步进行专业治疗。
③观察伤肢的颜色,调整包扎松紧,做好保暖。

三、户外运动的运动疾病治疗

(一)过度紧张

1. 疾病原因及征象

过度紧张是户外运动初学者经常出现的情况,主要是由于认识不足,在运动过程中运动负荷过大和动作过于剧烈,超过了自身的负担能力而产生的急性病理现象。

过度紧张可导致不同程度的生理反应,如急性胃肠功能紊乱及训练应激性溃疡;恶心、呕吐、头痛及头晕,面白;呼吸困难,急性心脏功能不全和心肌损伤;神志不清、昏倒。

户外运动参与者过度疲劳问题可大可小,轻者可表现为食欲不振、恶心、呕吐,参与运动训练的积极性不高,情绪不佳,焦虑;严重者可诱发心血管等突发性疾病。

2. 疾病治疗方法

①及时停止户外运动,休息,可服用 50% 的葡萄糖或镇静剂。

②急救时,应让患者平卧或半卧(心功能不全者),松解患者的衣物,注意保暖,点掐其内关和足三里穴。

③昏迷者可掐人中、百会、合谷、涌泉等穴;呼吸、心跳停止者应做人工呼吸和胸外心脏按压术,可根据情况口服 VB1、鲁朱那或静脉注射 25%～50% 的葡萄糖 40～60 毫升,及时就医。

(二)过度疲劳

1. 疾病原因及征象

过度疲劳是由运动者长期训练不当,或运动期间连续累积疲劳导致机体出现的功能紊乱或病理状态。

户外运动参与者过度疲劳问题可大可小,轻者可表现为食欲不振、恶心、呕吐;重者可伴有休克现象发生。

2. 疾病治疗方法

①调整运动,减少运动量,注意休息和睡眠,一般地,患者在2~3周以后即可恢复正常。

②针对中、后期病情进一步发展的过度疲劳,必要时应停止运动,根据病情进行药物治疗(服 VC,VB_1、葡萄糖或人参、刺五加、三七等),也可进行适当的康复性医疗体育活动(气功、温水浴、按摩等)。

③重者应彻底停止参与运动并接受专业治疗。

(三)肌肉痉挛

1. 疾病原因及征象

肌肉痉挛,即抽筋,是指肌肉发生不自主地强直收缩的一种症状。人体的腓肠肌、足底的屈拇肌和屈趾肌最容易发生痉挛。

抽筋后,机体局部肌肉可有不自主肌肉强直收缩,僵硬,疼痛难忍且一时不易缓解,临近的关节可出现运动障碍。

2. 疾病治疗方法

①肌肉痉挛较轻者可缓慢、均匀地牵引痉挛的肌肉,掐点穴位。

②大腿后群肌肉、小腿腓肠肌痉挛者,应尽力伸直膝关节、充分背伸踝关节、拉长痉挛肌肉,同时配合局部穴位按摩。

(四)运动中腹痛

1. 疾病原因及征象

运动中腹痛是指运动员在运动中因生理和病理原因而发生腹部疼痛的一种疾病。通常是由准备活动不充分、胃肠痉挛、腹直肌痉挛、呼吸紊乱等原因造成的。

2. 疾病治疗方法

腹痛时，首先要了解腹痛的性质和部位，如果是运动性腹痛，应降低负荷强度，调整呼吸和动作节奏，按压疼痛部位慢跑，也可口服药物（如阿托品、十滴水等）或点掐内关、足三里、三阴交等穴，必要时停止运动，就医治疗。

（五）运动性低血糖

1. 疾病原因及征象

空腹时血糖浓度低于 50 毫克/分升的一种症状表现即为低血糖。运动性低血糖在长时间的户外运动中比较常见，尤其是残酷的户外环境中机体消耗大而能量得不到有效补充时，可出现低血糖病症。

户外运动，如果时间长，昼夜得不到良好休息和营养补充，或运动前饥饿，肝糖原储备不足，不能及时补充血糖的消耗，都有可能导致运动性低血糖。另外，交感神经活动增强和反应性肾上腺素释放过多，及中枢神经功能障碍，也可能导致低血糖。

机体出现低血糖时，运动者一般有强烈的饥饿感，并可见面色苍白、多汗或冷汗，身冷，体温低，心跳快速，呼吸浅促，眩晕，头痛，视力模糊，焦虑，幻觉，狂躁，精神失常，昏迷。

2. 疾病治疗方法

①使病者平卧、保暖。神志清醒者可饮浓糖水或吃少量食品，一般短时间内即可恢复。不能口服者，可静脉注射 50% 葡萄糖 40~100 毫升。

②昏迷不醒者，可针刺人中、百会、涌泉、合谷等穴，并迅速请医生前来处理。

（六）运动性贫血

1. 疾病原因及征象

因训练不当导致血液中红细胞数和血红蛋白量低于正常值的现象称为运动性贫血。正常男子的血红蛋白含量为 0.69～0.83 毫摩尔/升，正常女子的血红蛋白含量为 0.64～0.78 毫摩尔/升。

运动性贫血患者可出现头晕、恶心、呕吐、气喘、体力下降、疲倦、眼花、头痛、记忆力下降等病症。

2. 疾病治疗方法

①适当减少运动量，必要时可停止运动。
②多食用富含蛋白质、铁质、维生素的食物或服用抗贫血药物。

（七）运动性血尿

1. 疾病原因及征象

在户外运动中，如果运动强度过大，超过运动员的承受范围，有可能引起显微镜下血尿，经检验无原发病的称运动性血尿。

2. 疾病治疗方法

①全面检查，排除病理性血尿，以免误诊。
②出现肉眼可见的血尿时，应立即停止运动。
③对出现少量红细胞而无症状表现的运动者，应减少运动量，并注意观察。

（八）运动性中暑

1. 疾病原因及征象

由运动导致或诱发造成运动员体内的过热状态，称为运动性中暑。在炎热的天气下进行长时间的户外运动,常导致运动性中暑。

在相同的运动环境和条件下是否会发生运动性中暑,还与运动者的身体疲劳程度、睡眠和休息状况、机体失水与缺盐情况、机体对高温环境的适应能力等因素有关。

运动中出现中暑症状时,早期往往表现为头晕、头痛、呕吐现象,逐步发展为体温升高,皮肤灼热干燥。严重者精神失常、虚脱、痉挛、心律失常、血压下降,甚至昏迷并危及生命。

2. 疾病治疗方法

①有先兆或轻度中暑的情况:迅速撤离高温环境,至通风阴凉处休息,解开衣领,并服用清凉饮料、浓茶、淡盐水和解暑药物等。

②中暑严重者:立即移到阴凉处,让其平卧。根据不同的病情分别处理。中暑痉挛时,牵伸痉挛肌肉使之缓解,并服用含盐清凉饮料。

③中暑衰竭者:服用含糖、盐饮料,并在四肢做重推按摩。

④中暑昏迷患者:针刺人中、涌泉、中冲等穴,并应迅速就医抢救。

(九)岔气

1. 疾病原因及征象

岔气是指运动时发生与腹痛位置不同的突然性胸壁或上腹近肋骨处的疼痛现象。户外运动中,呼吸调节不当容易岔气。

岔气后,胸壁或上腹近肋骨处出现明显的疼痛,说话、深呼吸或咳嗽时局部疼痛,按压疼痛部位有明显的压痛感。

2. 疾病治疗方法

①深吸气,憋住不放,握拳由上到下依次捶击胸腔左、右两侧,亦可用拍击手法拍击腋下,再缓缓深呼气。

②连续深呼吸,同时用手紧压疼痛处。

③食指和拇指用力捻捏内关和外关穴,同时做深呼吸和左右扭转身躯的动作。

(十)月经失调

1. 疾病原因及征象

户外运动强度过大,或者长期在野外自然环境中生存训练而无法得到正常的营养供应,可导致女性运动者出现月经失调。

月经失调主要有以下几种症状:月经先期,气不摄血;月经后期,气郁、血寒、血虚。运动性闭经。

2. 疾病治疗方法

出现运动性月经失调,可采取以下处理方法进行缓解和治疗。

(1)推拿按摩

针对运动性痛经:患者取坐位或卧位,术者立于患者侧面,术者取关元、气海、足三里、三阴交、肾俞、太溪、太冲、天枢等穴,施以一指禅推法、按法、擦法等。用揉法揉小腹部。

(2)针灸治疗

①体穴:选用百会、气海、阳陵泉、太冲、足三里、血海、内关、三阴交等穴,每次取 3～4 穴针刺。一日 1 次,每次留针 30 分钟,7 次为 1 疗程。

②耳穴:子宫、肝、内分泌、神门。每次取 2～3 穴。

(3)中药治疗

①月经先期

气不摄血证:宜益气补血,健脾养心,可用归脾汤,水煎,温服,一日 1 剂,一日 3 次。

阳盛血热证:宜清热凉血止血,可用清热凉血方,水煎,温服,一日一剂,一日 3 次。

②月经后期

血虚型:宜补血益气,可用人参养荣汤,水煎,温服,一日 1 剂,一日 3 次。

血寒型:宜益气补血,温经止痛,可用趁痛散,上药研粗末,一次 15 克,水煎去渣后分 2 次热服。

气郁型:宜疏肝行气,活血止痛,可用柴胡疏肝散,水煎,温服,一日 1 剂,一日 3 次。

(4)西医治疗

可用氨甲苯酸或酚磺乙胺等止血剂。难以控制的出血可服用避孕药。

第三节　户外运动的科学化安全管理

一、户外运动活动组织的安全管理

(一)加强活动前的安全教育

户外运动活动的安全组织,应把安全工作当作最先考虑的问题中,安全第一。在进行户外运动的团队活动组织前,一定要对运动参与者进行全面的安全教育,使每个人都认识到户外运动安全的重要性。

户外运动的俱乐部活动组织应加强对户外运动参与者的集体培训;领队者在户外运动活动正式开启前应再次强调即将进行的户外运动中的安全问题和注意事项;户外运动过程中,领队和技术专员应注意对户外运动参与者进行安全提醒。

对于学校的学生户外运动活动组织,以高校为例,应在日常加强对大学生的户外运动安全意识教育和安全知识、技能的教育,切实提高大学生的运动安全意识,可通过多种形式与方法展开全面的、系统的、有针对性的安全教育(图 4-1)。①

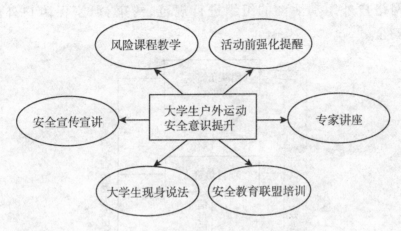

图 4-1 大学生户外运动安全意识教育

(二)加强运动安全监控

在户外运动组织管理过程中,应加强户外运动团队的运动安全监控,明确活动组织的管理人员和责任者,各项活动应具体到个人。如果活动组织参与人员较多,可在 1 位负责人的统一领导下,整个团队按照 8～10 人/组分为若干小组,各小组再设置一到两个负责人。团队负责人是户外运动活动安全工作的总负责人,项目负责人和小组负责人,包括其他一切活动参与者都有监控反馈险情的义务,建立联动的立体监控模式(图 4-2)。

(三)规范网络组织出行

在信息时代,互联网发展迅速,户外运动的推广、宣传、组织也涉足网络世界,很多网友在论坛发帖组织野营、溯溪降等活动。从线上的交流,到线下一起参与户外运动,网络为户外运动参与者提供了资讯和活动组织的其他相关资源。

但通过网络组织户外活动存在许多不足,如队员之间彼此不熟悉、活动组织不严谨、缺乏安全保障、活动责任者不明

---

① 刘华荣．我国高校户外运动风险管理研究[D]．北京:北京体育大学,2017.

确、对突发事故缺乏应对能力等。因此，应有必要的公共政策对网络户外运动活动的组织进行规范、约束，严密保障户外运动安全。①

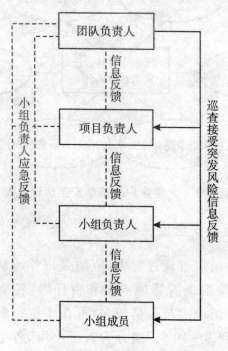

图 4-2 运动安全监控模式

（四）完善安全救援与管理

户外运动安全不仅关系到个人、企业，也关系到整个行业和体育事业的健康发展，应重视完善户外运动安全救援与管理。对此，应做好以下两方面工作。

首先，户外运动市场经营主体要提高安全意识和救援技能。

其次，政府应加强户外运动安全教育宣传，严格规范户外运动经营市场，完善户外运动法律制度，建立一支以政府为依托、以社会力量为主的成熟救助力量。

---

① 李萍，李艳翎，李骅．中国户外运动公共政策现状分析[J]．体育文化导刊，2007(6)．

二、户外运动个人参与的安全管理

户外运动过程中,运动者个人应具备良好的安全参与意识,应做好以下几方面工作。

①做好活动热身准备。

②做好运动装备准备。

③做好安全事故应急处理。

由于户外运动内容丰富、项目较多,运动参与者应结合自身情况来参加户外运动,做好运动安全防护与管理。各项目具体安全管理内容参考本书实践部分,这里不再赘述。

第五章 户外运动基础体能与心理训练

户外运动对运动者的体能素质和心理素质均有较高的要求,大自然中诸多不确定性因素的干扰使得整个户外运动过程中都充满了运动障碍与心理挑战,如果青少年学生群体在参与户外运动期间不具备相应的运动体能和运动心理,则会很难适应户外运动具体的运动环境、运动负荷、运动团队协作,运动者也就很难完成户外运动的任务,不能真正体验到户外运动所带来的乐趣。良好的户外运动体能与心理训练是必要的,能为青少年学生群体科学参与户外运动、享受户外运动快乐奠定良好的基础。本章重点对户外运动的基础体能与心理训练相关理论知识与具体训练内容和方法进行了系统阐释,以科学指导青少年学生群体加强自我身心训练,使之更好地适应户外运动。

第一节 体能训练与心理训练概述

一、体能训练

(一)体能训练的概念

体能训练是近些年来体育界研究的一个重点,国内外学者对体能训练的概念认知与描述具有多样化的特点。

国外一些专家认为,体能训练应包括三个方面内容,提高运动员的专项体能训练水平也应从这三方面入手,即 Training,在运动生理、运动生化和医学等有关原理的指导下提高机体对训练和比赛负荷适应力的训练；Coaching，运用生物力学和专项理论知识所进行的技术、战术训练；Conditioning，应用心理学、营养学和管理学等原理使运动员处于最佳竞技状态。

我国学者普遍认为，体能训练是"使各生理系统机能、机体的代谢水平得到不断提高，改善身体形态，发展运动素质和健康素质，使运动员的机体适应训练和比赛负荷的身体训练"。

综合以上描述，体能训练具有以下三个方面的基本含义。

①体能训练是结合运动专项的合理负荷的动作练习。

②体能训练的目的是改善身体形态，提高机体机能，发展运动素质。

③运动员的体能训练的最终目的是提高运动成绩，防止伤病，延长运动寿命。

（二）体能训练的素质构成

1. 力量素质

力量素质是人体最基本的体能素质，是人体肌肉系统工作时克服或对抗阻力的能力，是人们完成动作的动力来源。[①] 力量素质是人体活动的重要基础，人体的一切生理活动都离不开力量素质。

力量素质在人体运动过程中有多种表现形式，据此可将人体力量素质进行分类（表 5-1）。

表 5-1　力量素质分类

分类依据	素质类型
与运动专项的关系	一般力量、专项力量
与体重的关系	绝对力量、相对力量
表现形式	最大力量、速度力量、力量耐力
肌肉收缩形式	静力性力量、动力性力量

---

① 张英波.现代体能训练方法［M］.北京：北京体育大学出版社，2007.

2. 速度素质

速度素质是机体实现快速运动的基础,速度素质具体是指人体(或身体的某部位)进行快速运动的能力,是人体或人体某一部位快速做出运动反应、快速完成动作、快速移动的能力,据此,可将速度素质分为以下几类。

①反应速度:人体对各种刺激的快速应答。

②动作速度:机体(或某部分)快速完成动作。

③位移速度:单位时间内机体移动的距离。

3. 耐力素质

耐力素质是机体持续不断坚持活动和运动的能力,具体是指个体克服工作过程中所产生疲劳的能力,是个体健康水平或体质强弱的重要判断标准。对于个体来说,良好的耐力素质能确保机体持续参与身体活动。

根据不同分类标准可将耐力素质分为多种类型(表 5-2)。

表 5-2　耐力素质分类

分类依据	素质类型
与运动项目的关系	一般耐力、专项耐力
氧代谢特征	有氧耐力、无氧耐力
肌肉工作性质	静力耐力、动力耐力
身体活动部位	局部耐力、全身耐力
耐力表现形式和用力特征	心血管耐力、肌肉耐力
持续时间长短	短时间耐力(持续运动 45 秒至 2 分钟)、中等时间耐力(持续运动 2~8 分钟)、长时间耐力(持续运动超过 8 分钟)

4. 柔韧素质

柔韧素质,也称柔韧适能,是指人体在运动安全前提下,完成动作的最大活动幅度、最大活动范围的肌肉骨骼系统特征。柔韧素质是构成人体体能素质的重要素质内容,柔韧素质对于人体的一般生理活动并无太大影响,但是对于运动员来说,其多种技术动作的完成需要肢体、关节、肌肉、韧带等的伸展才能准确配合完成,因此,如果运动员缺乏柔韧性,就可能在运动过程中诱发技术动作错误而导致运动损伤,严重的可危及生命。

个体的柔韧素质表现在多个方面,具体分类见表5-3。

表5-3　柔韧素质分类

分类依据	素质类型
与运动专项的关系	一般柔韧素质、专项柔韧素质
与运动主体的关系	主动柔韧素质、被动柔韧素质
体能发挥的身体状态	静力性柔韧素质、动力性柔韧素质
体能发挥的身体部位	肩部柔韧性、腰背部柔韧性、四肢柔韧性

5. 灵敏素质

灵敏素质是机体迅速、准确和协调完成动作的能力,它是一种典型的复合型素质。柔韧素质是人经过视觉感受在大脑皮层神经过程的转换,使已经形成的各种动作动力定型适应运动突变的能力。

根据柔韧素质与运动专项的关系,可以将柔韧素质分为以下两种。

①一般灵敏素质:日常生活和活动中所表现出来的各种应变能力。

②专项灵敏素质:运动中与运动技能紧密相关的应变能力。

(三)户外运动体能训练的重要意义

青少年学生群体参与户外运动,复杂的自然运动环境要比专业室内运动场馆对青少年学生的身体素质要求更高。良好的体能训练可有效防止户外运动参与过程中的运动伤病,并可促进青少年学生高效完成户外运动项目任务。

不同运动素质的体能训练均对青少年学生群体科学参与户外运动具有重要意义。

①在户外运动中,运动者的各种基本生理活动动作、运动技术动作等的完成,都需要运动者具有良好的力量素质。

②速度素质在户外运动中对运动者的良好运动表现具有重要的影响,很多户外运动项目都强调运动的速度,如山地自行车、穿越、滑冰、滑雪等,还有一些户外运动项目中一些技术动作的完成对机体的速度素质都有不同要求。速度素质训练可为运动者参与户外运动奠定良好的素质基础,能促进运动者提高对机体的运动控制和调动能力、提高完成户外运动任务的效率。

③户外运动对运动者的耐力素质也有较高的要求,户外运动有时可持续开展数日,如果青少年学生运动员不具有良好的耐力素质则很有可能不能坚持完成整个户外运动过程,也可能不能很好地克服在户外运动过程中由于身体活动和肌肉活动而引起的体力上的疲劳,因此,可能导致户外运动中的体力不支,甚至引发意外运动事故。

④户外运动是综合性的运动,对运动者的身体各方面的柔韧素质均具有较高的要求,如果运动者的柔韧素质欠佳,则很可能在完成具有较高的肢体技术要求的动作的过程中,由于技术动作的不到位而影响动作的完成,一些户外运动项目,如攀岩,对运动者的柔韧性是有一定的专业要求的,青少年学生群体参与户外运动,应注意柔韧素质的锻炼与提高。

⑤灵敏素质是一项综合性的运动素质,其受到运动技能、运动感觉和各种身体素质的综合影响。

二、心理训练

(一)心理训练的概念

心理训练,指有意识、有目的地采用一定的方法和手段,培养、发展和完善运动员在从事专项运动活动时所必须具备的各种心理素质和心理品质的一种教育过程。

对运动者进行系统、科学的心理训练,旨在发展、提高和完善运动者达到最高运动水平时所必须具备的各种心理品质,排除在训练、竞赛过程中阻碍自己获得和发挥运动水平的各种不良心理状态和消极的心理因素,确保最佳竞技水平的获得与发挥。

在许多体育运动中,心理素质往往成为决定训练成效、比赛胜负的主要因素。因此,心理训练非常重要。

(二)运动心理素质构成

1. 动机

动机是推动个体从事各种运动的心理及内部动力,能引起并维持人的活动。动机是个体的内在过程,行为是动机的结果。

个体的动机多种多样,根据不同的分类标准,可以将动机进行归纳分类(表 5-4)。了解个体的动机类型,可有针对性地对不同动机进行刺激,从而促进或抑制个体在该动机下的行为实施。

表 5-4　动机分类及内容

分类依据	动机类型	动机内容及其表现
动机起源	生理性动机	与生理需要相关,属先天性,如饥渴等动机,但受一定社会生活条件制约
	社会性动机	与社会性需要相关,后天习得,如兴趣、交往、成就、权力等
动机原因	内在动机	由运动快乐和满足引起,不受外界条件影响
	外在动机	由活动以外的刺激诱发,受外界条件影响
动机作用	主导性动机	影响行为的作用强烈、稳定,处于支配地位
	辅助性动机	影响行为的作用较弱、较不稳定,处于辅助地位
动机行为与目标的关系	近景动机	与个体的近期目标密切相关
	远景动机	与个体的长远目标密切相关

续表

分类依据	动机类型	动机内容及其表现
动机行为带给个体的体验	丰富性动机	又称满足和兴趣动机,激发个体探索、创造、自我实现,通过动机产生行为追求快乐
	缺乏性动机	又称生存和安全动机,如不能达成目标会痛苦,通过动机产生行为消除痛苦

2. 认知

个体/群体认知具有以下客观规律。

①人的认知能力与生俱来,同时,也是受外部环境、心理等多种因素影响的。

②人的认知是不可逆转的递进过程,必须由表及里、由外及内、由浅入深。

③人的认知受年龄因素影响,同一年龄阶段的人可表现出认知统一性,但也表现出个体差异性。

人的认知能力和运动二者相互影响。一方面,科学、系统的运动参与可提高个人智力水平,提高个人的记忆、注意、思维、反应等能力,从而加快、加深个人对事物的认知;另一方面,认知的提高对个体的运动参与具有促进作用,可使运动者更加清楚地理解训练原理、运动规律、技术特点、动作方法等,可优化运动效果。

3. 情绪

情绪是影响人体心理活动的重要心理因素,良好的情绪可以起到"增力"作用,能促进人体运动能力的提高,使人积极主动、坚韧不拔、持之以恒;不良的情绪起着"减力"作用,可使人精神不振、心灰意冷、注意力不集中等。

4. 注意力

注意力是个体心理活动对一定对象的选择性指向和集中,注意力是个体运动能力的重要组成内容,更是优秀运动员必须具备的心理能力。

运动与注意可相互影响,首先,长期科学地参与运动训练,能改善运动者身体素质,使大脑细胞之间联系更紧密,可增强个体注意力;其次,注意力的集中有助于运动者更快、更准确地完成技术动作,并避免失误。

5. 意志力

意志与行动之间具有密切的关系,它是人为了实现既定目标而支配自己的行动,并且在行动时自觉克服困难的一个心理过程。

科学参与体能训练能使运动者拥有坚强的意志品质,可促进运动者坚持完成训练任务、提高身体素质水平。

运动实践表明,通过科学安排运动训练,可以有效提高个人的意志力,对于任何运动项目的参与者来说,都不可能实现无基础地完成高难度技术动作、运动训练任务,都必须经历一个艰苦的训练过程,在整个训练过程中,运动者需要长期参与内容枯燥的运动,重复同样的运动内容、动作技术,需要克服各方面的困难,训练贵在坚持,运动者坚持训练的过程,也是运动素质、意志品质提高的过程。

6. 心理定向

心理定向是指动作开始以前以及完成动作过程中心理的准备状态和注意的指向性。心理定向对于运动员掌握和提高技术动作非常重要,可带来运动者诸多积极的综合反应,并且促进心理活动的调整。

(三)个体个性心理特征

1. 性格

性格,是指个人对现实的稳定的态度和习惯化的行为方式,是个体个性的一个重要方面,对个体参与训练有重要影响。具体表现在以下几个方面。

①性格是现实社会关系在人脑中的反映。了解运动者的不同性格,对于合理安排训练内容、节奏、方法等有重要的指导作用。

②性格一旦形成就会比较稳定,但仍具有可塑性。

2. 气质

气质是人的心理活动的稳定的动力特征。不同气质类型会有不同的行为表现(表5-5)。气质类型是个体运动的心理依据之一。了解个体的气质类型,可令运动、学习安排更具针对性。

表5-5　高级神经活动类型及特性与气质对照表

神经系统的特性及类型				气质	
强度	平衡性	灵活性	特殊现象的四种类型	气质类型	主要心理特征
强	不平衡（兴奋占优势）	灵活	不可抑制型（兴奋型）	胆汁质	精力充沛 情绪发生快而强 内心外露 率直、热情、急躁、勇敢
	平衡	灵活	活泼型	多血质	活泼爱动 情绪发生快而多变 思维、言语动作敏捷 乐观、亲切、浮躁、轻率
		不灵活	安静型	黏液质	沉着冷静 情绪发生慢而弱 内心少外露 思维、言语动作迟缓 坚韧、执拗、淡漠
弱	不平衡（控制占优势）	不灵活	弱型（抑制型）	抑郁质	柔弱易倦 情绪发生慢而强 言语动作小 易怒、无力、胆小、忸怩、孤僻

3. 心理能力

心理能力是个体综合应对外界事物和变化的心理素质，包括观察力、记忆力、思考力、想象力和注意力等。心理能力的个体差异性较大，如有人擅于形象思维，有人擅于抽象思维；有人聪明，有人愚笨；有人敏捷，有人迟钝等。体能训练中，应结合个人能力选择与之相适应的训练项目内容。

心理能力是个体掌握知识、运动技能，提高学习效率、运动水平的基础。

（四）户外运动心理训练的重要意义

户外运动参与不仅仅是身体的参与，也是心理的参与，户外运动参与需要运动者具备一定的心理素质。结合户外运动项目的有针对性的心理训练有助于为运动者顺利完成运动、避免运动伤病奠定良好的心理基础。

①动机方面。动机是行为的前提，户外运动的参与动机培养是引导青少年学生群体真正参与到户外运动过程中的重要前提条件。应针对青少年学生的群体和个性特点，选择运动者感兴趣的内容和项目，科学安排训练时间和负荷。此外，通过教育引导，使青少年学生正视训练，端正态度，充分认识体能训练的重要性及意义所在，可有效推进学生的户外运动的体能训练和心理训练的开展，使训练增加趣味性。

②认知方面。户外运动的科学、安全参与，对青少年学生群体的整个认知体系的提升具有重要的促进作用，同时在户外运动开展前，应针对青少年学生群体的特点和认知规律进行相应的知识、体能、技能、心理培训，这是确保青少年学生群体顺利参与户外运动的重要教育基础，也是青少年学生群体运动安全和素质发展的必然要求。

③情绪方面。情绪是影响个体参与体能训练的一个重要心理因素，对户外运动参与者开展有针对性的情绪调控训练，能提

高运动者的情绪操控能力,便于运动者在户外运动期间沉着、冷静应对各种问题、困难、意外。

④注意力方面。良好的注意力可使运动者在参与体能训练时更加集中精力,这对于完成正确的动作和避免训练损伤意义重大。

⑤意志力方面。户外运动过程、环境复杂,运动者机体肌肉有时会处于高度紧张状态,并且需要完成各种技术动作、活动任务,此时强大的意志力是确保运动得以完成的重要条件。青少年学生群体参与户外运动,应具有勇敢面对运动中的各种困难、克服外部和内部干扰的能力,因此,加强对青少年学生意志力的训练是非常必要的。科学的意志训练可促进训练者的意志力的改善和提升,训练的不仅仅是身体,还有助于心理素质的改善。

⑥心理定向方面。准确的心理定向能使运动者及时在头脑中设计完成动作模式,对运动者实际完成的动作内容、结构具有重要的指导作用。

第二节　户外运动体能训练

一、户外运动力量素质训练

(一)肩部力量训练

投掷实心球:肩上单手或头上双手掷实心球练习。

负重臂绕和绕环:双手持哑铃做前平举、侧平举和臂绕环练习。

提放双肩:两脚开立,身体正直,上提双肩至颈部,双肩感到紧张,数秒后还原,反复练习数次。

(二)手臂力量训练

瑞士球俯卧撑:身体伸直成直斜线,双手撑球,直体悬空固定,在球上做俯卧撑(图 5-1)。

图 5-1

引体向上:双手分握单杠,向上拉引身体(图 5-2)。

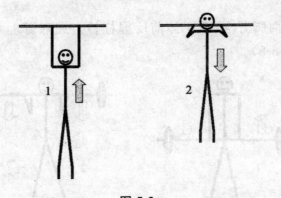

图 5-2

双杠臂撑起:双手撑双杠,直臂支撑身体,再屈肘撑身体数秒,还原,反复练习(图 5-3)。

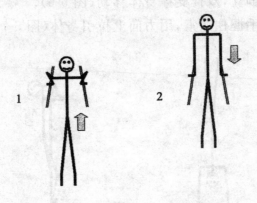

图 5-3

颈后伸臂:两脚开立,双手反握轻杠铃于头后部,反复直臂举杠铃(图 5-4)。

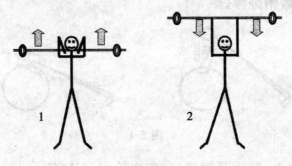

图 5-4

屈肘:两脚开立,双手体前反握杠铃。屈双臂上举杠铃,数秒后还原(图 5-5)。

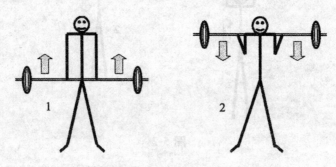

图 5-5

倒立走:倒立,双臂支撑身体移动(图 5-6)。

爬绳:双手握住绳索,用力向上拉引身体(图 5-7)。

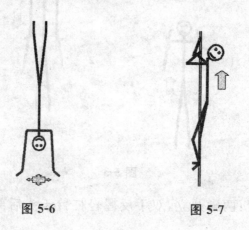

图 5-6   图 5-7

（三）下肢力量训练

仰卧屈膝提腿：仰卧、屈膝，固定腹部，一腿抬起离地面 15～30 厘米（图 5-8）。

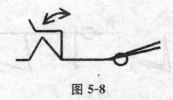

图 5-8

仰卧直膝提腿：仰卧、屈膝，固定腹部，直腿抬起离地面 15～30 厘米（图 5-9）。

图 5-9

仰卧提膝：仰卧，屈膝抬腿，双手拉膝贴近胸部，保持 10～30 秒，双腿交替练习（图 5-10）。

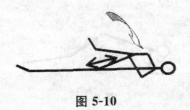

图 5-10

侧卧腿绕环：发展大腿内侧肌群力量。斜板上侧卧，举腿绕环（图 5-11）。

图 5-11

（四）躯干力量训练

俯撑腿臂平伸：俯姿，直臂撑地，双腿跪撑地，右臂前伸，后伸左腿，右腿与躯干成一条直线（图 5-12）。

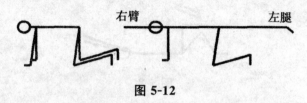

右臂　　　　　　　　　左腿

图 5-12

俯姿平撑：俯卧，双臂屈肘 90°支撑身体，双腿伸直，脚尖撑地，固定腹背部（图 5-13）。

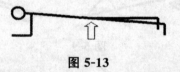

图 5-13

俯姿桥撑：在俯姿平撑的基础上，提起臀部，稍屈膝，身体成桥形姿势固定（图 5-14）。

图 5-14

仰姿臂撑：仰卧，双臂屈肘支撑身体，双腿伸直，用脚撑地，提髋，身体成直体姿势，固定（图 5-15）。

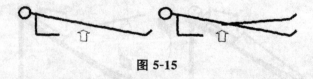

图 5-15

侧卧两头起：侧卧，双臂伸直，双手于头上合拢，双腿伸直、并拢。双腿和双臂离地、固定（图 5-16）。

图 5-16

　　俯卧伸背:将瑞士球放在凳上,俯卧在瑞士球上,双手握凳两侧,提双腿,使身体平直悬空(图 5-17)。

图 5-17

　　背肌转体:俯卧在山羊上,固定腿部,双手头后交叉抱头,上体后屈,再还原至水平位置左右转体,反复练习(图 5-18)。

图 5-18

　　顶墙送髋:前臂靠墙支撑身体,头靠在双手上,身体向墙倾斜。后脚正对墙,脚跟贴在地面上(图 5-19)。

图 5-19

弓箭步压髋：弓箭步，一腿前伸，膝关节成 90°，膝关节在踝关节正上方。另一腿体后膝触地，下压后面腿和髋部（图 5-20）。

图 5-20

仰卧转髋：仰卧，头后握杆固定双手，收腹屈膝，左右转髋（图 5-21）。

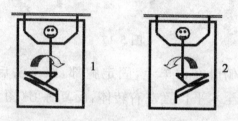

图 5-21

双手扶腰下推：站立，双手在髋部以上部位扶腰，手指向下推手掌，伸展腰部（图 5-22）。

双手叉腰转体：站立，髋上叉腰，上体转向一侧，头后转（图 5-23）。

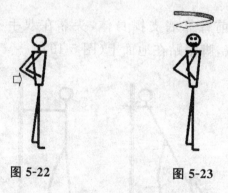

图 5-22   图 5-23

负重转体：开立，屈膝，肩负杠铃，两手平伸扶杠铃，侧转体 90°（图 5-24）。

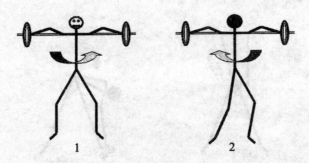

图 5-24

负重体侧屈：开立，肩负杠铃，左右屈上体 90°（图 5-25）。

图 5-25

负重体前屈：两脚开立，肩负杠铃，前屈身体 90°（图 5-26）。

图 5-26

持哑铃体前屈转体：两脚开立，一手持哑铃，接触对侧脚尖（图 5-27）。

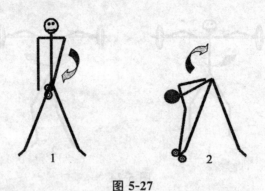

图 5-27

(五)全身力量训练

仰姿臂撑提腿:仰卧,双臂屈肘支撑身体,双腿伸直,用脚撑地,提髋,身体成直体姿势,再提起一条腿,固定(图 5-28)。

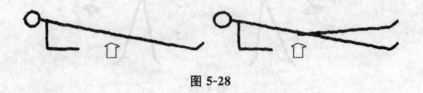

图 5-28

侧姿臂撑:侧卧,单臂屈肘支撑,另一只臂屈侧举,双腿伸直、并拢,提髋离地,直体(图 5-29)。

侧姿臂撑提腿:在侧姿臂撑的基础上,提起一条腿,直膝、固定(图 5-30)。

图 5-29   图 5-30

仰姿瑞士球提髋屈膝:直腿垫在瑞士球上,双脚并拢,直体悬空,头和肩枕在地面,屈膝上提身体(图 5-31)。

仰卧举腿:瑞士球上仰卧,双手握横杠,直腿上举(图 5-32)。

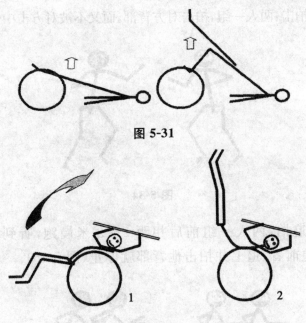

图 5-31

图 5-32

肩上侧后抛实心球：开立，胸前持球，屈膝，球转到身后，下肢发力，躯干回转，肩上后抛球（图5-33）。

图 5-33

二、户外运动速度素质训练

（一）反应速度训练

反应速度训练多以游戏形式开展，具体训练方法如下。

两人拍击:两人一组,拍击对方背部,而又不被对方击中(图 5-34)。

图 5-34

起动追拍:两人一组前后相距 2～3 米慢跑,听到信号加速跑,后者追前者,追上并拍击他背部就停止(图 5-35)。

图 5-35

反应起跳:围圈面向内站立,一人在圆心持小竹竿(竿长超过圈半径)绕圈画圆,竿经谁脚下即起跳(图 5-36)。

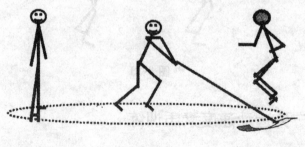

图 5-36

贴人游戏:两两前后面向圈内围成一圈,间隔 2 米。两人圈外追逐,被追者跑至某两人前,则后面第三者逃跑(图 5-37)。

图 5-37

抢球游戏：围成一个圆圈，球数比练习人数少一个，绕球圈在圈外慢跑，听信号就近抢球（图 5-38）。

图 5-38

（二）动作速度训练

1. 上肢和躯干动作速度训练

双球支撑快速扩胸：俯卧，双臂前臂支撑两个瑞士球，双臂按球合拢、打开（图 5-39）。

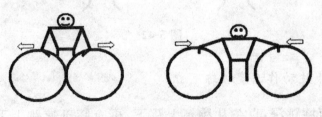

图 5-39

俯卧快速提转哑铃：俯卧在瑞士球上，双手持哑铃，快速外展、提拉、收回（图5-40）。

图5-40

纵向飞鸟：体侧直臂快速提杠铃至头顶，再还原（图5-41）。

图5-41

横向飞鸟：体侧向后直臂水平、快速移动杠铃片至最大限度，再还原（图5-42）。

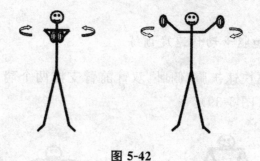

图5-42

2. 下肢动作速度训练

①直膝跳深：直膝从跳箱上跳下，再直膝迅速跳上下一个跳箱（图5-43）。

图 5-43

②跳栏杆：双脚起跳和落地依次跳栏架（图 5-44）。

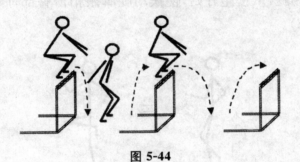

图 5-44

③绳梯 180°转体跳（图 5-45）。

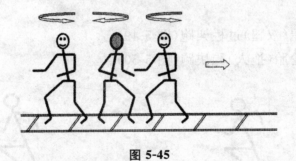

图 5-45

(三)位移速度训练

①前后摆臂练习（图 5-46）。

②高速单腿支撑跑动作平衡练习（图 5-47）。

图 5-46　　　　　　　　　图 5-47

③后踢腿：从慢跑开始，使摆动腿脚跟拍击臀部，膝向前上摆动（图 5-48）。

图 5-48

④单腿（双腿）过栏架跑（图 5-49）。

⑤拖轮胎（拖人）跑快跑（图 5-50）。

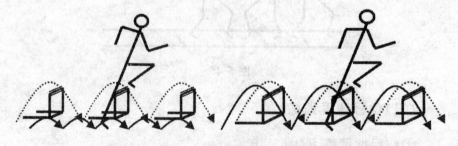

图 5-49

图 5-50

三、户外运动耐力素质训练

(一)有氧耐力训练

①大步快走练习,每组 1 000 米左右,4～6 组,间歇 3～4 分钟,强度为 40%～50%。

②两人前后相距 10 米竞走追逐,每组 400～600 米,4～6 组,强度为 50%～60%。

③变速跑。根据快—慢—快,或慢—快—慢,或随机速度跑进。

④间歇跑。在身体尚未完全恢复的情况下进行下一次跑的练习,心率在 120～140 次/分钟之间。

⑤匀速持续跑。负重长跑 1 小时以上,心率控制在 150 次/分钟左右。

⑥越野跑。在公路、树林、草地、山坡等场地进行,心率控制在 150～170 次/分钟左右。

(二)无氧耐力训练

①间歇后蹬跑:行进间做后蹬跑。每组 30～40 次或 60～80 米,重复 6～8 次,间歇 2～3 分钟,强度为 80%。

②间歇行进间跑:行进间跑距为 30 米、60 米、80 米、100 米等。计时进行。每组 2～3 次,重复 3～4 组,每一次间歇 2 分钟,组间歇 3～5 分钟,强度为 80%～90%。

③高抬腿跑转加速跑：行进间高抬腿跑 20 米左右转加速跑 80 米。重复 5～8 次，间歇 2～4 分钟，强度为 80％～85％。

④反复起跑、反复跑、反复加速跑、反复追赶跑。

四、户外运动柔韧素质训练

（一）颈肩柔韧训练

拉头：前拉头、后拉头、侧拉头和持哑铃颈拉伸（图 5-51）。

前拉头　　　后拉头　　　侧拉头　　　持哑铃颈拉伸

图 5-51

拉肩：向内拉肩、向上拉肩（图 5-52）。

图 5-52

助力顶肩：两人一组，同伴身体后仰，用髋部向前上顶练习者肩胛部位（图 5-53）。

握棍直臂绕肩：双手握一木棍，直臂棍从体前经头上绕到体后。再还原（图 5-54）。

图 5-53　　　　　　　　图 5-54

（二）躯干柔韧训练

直臂开门拉胸：门框内站立，双臂向斜上方伸直顶门框，身体前倾拉伸胸部（图 5-55）。

站立伸背：站立，双手扶栏杆，上体前倾至与地面平行（图 5-56）。

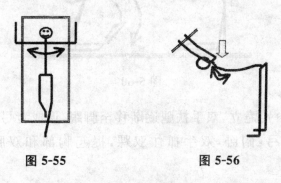

图 5-55　　　　　　　　图 5-56

仰卧团身：仰卧，屈膝，脚滑向臀部。双手扶膝向胸和肩部牵拉，提髋（图 5-57）。

图 5-57

上体俯卧撑起：俯卧，双手在髋两侧撑地，双臂伸直撑起上体，头后仰，背弓（图 5-58）。

弓箭步压髋：弓箭步站立，屈膝 90° 与地面垂直，降低重心，后面腿的膝部触地,下压后腿髋部(图 5-59)。

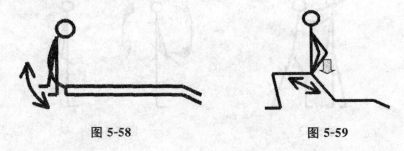

图 5-58   图 5-59

倒立屈髋:仰卧,举腿垂直倒立,头、肩、上臂支撑,双手扶腰,双腿并拢,直膝,双脚触地(图 5-60)。

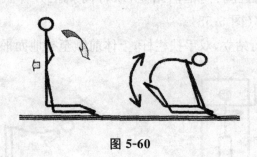

图 5-60

跪立背弓:跪立,双手扶腿逐渐移至脚跟,形成背弓(图 5-61)。

俯卧背弓:俯卧,双手抓住双踝,提起胸部和双膝离开垫子(图 5-62)。

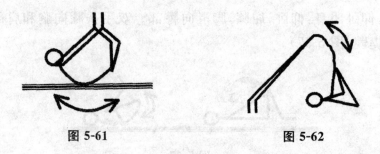

图 5-61   图 5-62

(三)下肢柔韧训练

坐拉引:坐姿,双腿体前伸展,屈膝腿伸展,与地面垂直(图 5-63)。

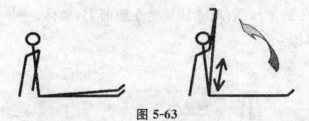

图 5-63

坐立后仰腿折叠：坐立，一条腿向内屈膝折叠，大腿和膝内侧贴地，脚尖向后，身体后仰，平躺在地上（图 5-64）。

图 5-64

体侧屈压腿：侧对高台站立，两脚与台子平行。将一只脚放在台子上。双手在头上交叉，呼气，向台子方向体侧屈（图 5-65）。

图 5-65

扶墙拉小腿：面对墙两脚开立，直臂双手扶墙，身体各部位成一直线，直臂屈肘，人体向墙倾斜。头肘触墙（图 5-66）。

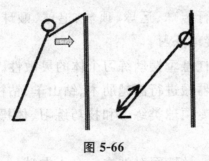

图 5-66

直膝分腿坐压腿:双腿分开坐在地面上,转体,上体前倾贴在一条腿上(图 5-67)。

图 5-67

五、户外运动灵敏素质训练

(一)基础训练

1. 徒手训练

①原地团身跳:原地双脚向上跃起,腾空后两腿迅速团身收紧,接着下落还原。

②前、后滑跳移动:两脚前后开立,上体稍前倾,听信号目视手势移动身体。

③退跑变疾跑:听或看信号后迅速转体 180°快速后退跑 5 米,接着再转体 180°向前疾跑 5 米。

④跨越障碍跑。

2. 器械训练

①利用球进行传球、运球、顶球、追球、颠球、托球、接球和多球练习、滚翻传接球练习。

②借助单双杠悬垂摆动练习个体的灵敏性。

③借助一些器械进行翻越肋木、钻山羊、钻栏架练习。

④通过各种专项球类练习和技巧练习、体操练习等练习个体的灵敏性。

⑤扑球:2 人一组,面对站立。一人抛球一人接球,抛球人将

球抛向对方体侧,对方可移动起跳扑接球。

⑥跳起踢球:2人面对而立,间隔 15 米。一人抛球至另一人体前或体侧方,对方快速跳起用脚准确踢球。交替进行练习。

⑦接球滚翻:2人一组,一人坐在垫上(接球),另一人面对其站立(传球)。坐在垫上的人接不同方向和速度的来球。

(二)跳绳训练

①前摇两次或三次,双足跳一次。

②后摇两次,双足跳一次,俗称"后双飞"。

③交叉摇绳。训练者两手交叉摇绳,每摇 1~2 次,单足或双足跳长绳一次。

④双人跳绳。两名训练者手拉手跳 3~5 次后快速跑出。

⑤集体跳绳。两名训练者摇长绳子,其他训练者连续不断地跳过绳子。

⑥跳波浪绳。两摇绳者把绳子上下抖动成波浪形,练习者敏捷地从上面跳过,碰到绳子者与摇绳者交换。

⑦跳蛇形绳。即教练与一名队员双手握一根长绳,并把绳子左右抖动,使绳子像一条蛇在地上爬行,数名队员在中间跳来跳去,1 分钟内触及绳子最少者为胜。

(三)组合动作训练

1. 两个动作组合

①转体俯卧→膝触胸。

②交叉步→后退步。

③前滚翻→挺身跳转 180°或 360°。

④侧手翻→前滚翻。

⑤盘腿坐→后滚翻。

⑥立卧撑→原地高频跑。

⑦坐撑举腿→俯撑起跑。

2. 三个动作组合

①立卧撑→原地高频跑→跑圆圈。
②交叉步→侧跨步→滑步。
③腾空飞脚→侧手翻→前滚翻。
④滑跳→交叉步跑→转身滑步跑。
⑤转髋→过肋木→前滚翻。
⑥旋风脚→侧手翻→前滚翻。

3. 多个动作组合

①跨栏架→钻栏架→跳栏架→滚翻。
②后滚翻转体 180°→前滚翻→头手倒立前滚翻→挺身跳。
③分腿跳→后退跑→鱼跃前滚翻→立卧撑。
④跨栏→钻栏→跳栏→滚翻。
⑤悬垂摆动→双杠跳下→钻山羊→走平衡木。
⑥摆腿→后退跑→鱼跃前滚翻→立卧撑。
⑦倒立前滚翻→单肩滚翻→侧滚→跪跳起。

第三节　户外运动心理训练

一、户外运动心理训练程序

（一）一般性运动心理训练

①充实运动者的各种理论知识,特别是心理学和运动心理学的理论知识、操作技能与测量评定的方法。

②探讨、了解并熟悉运动训练、运动竞赛过程中所有可能涉及的心理学问题。

③通过心理选材和心理测量评定建立运动员的心理档案。

④实行定期与不定期相结合的各种心理诊断。

⑤制订切实可行的心理训练计划。

⑥结合户外运动专项,实施专门的心理训练。

（二）户外运动比赛心理训练

①传授心理训练的目的、作用与原理,提高运动者对户外运动心理训练的认识。

②收集和分析即将进行的户外运动比赛的一切情报资料。

③识别最佳竞技状态与产生各种心理障碍的征兆。

④运动员赛前心理诊断。

⑤制定赛前心理训练的策略,选择相应的心理训练的方法与手段。

⑥实施心理训练的策略、方法与手段。

⑦检查心理训练的效果,总结经验教训并巩固其成果。

⑧训练计划修正与再实施。

二、户外运动核心心理素质的提高训练

（一）户外运动参与动机的培养

对青少年学生群体来说,培养他们参与户外运动动机的训练方法有如下几种。

1. 满足合理需求

①满足运动者追求刺激和乐趣的需要:户外运动具有很好的挑战性与趣味性,能够使运动者获得身心锻炼,运动过程中的乐趣性和艰苦性兼而有之,应在户外运动参与训练过程中适当满足运动者的合理需求,使其不断保持对户外运动的兴趣。

②满足运动者获得集体归属感的需要:户外运动有很多项目

需要运动者以团体形式来参与,在机体中,个体渴望获得归属感。因此,在运动过程中要以获得集体成员的资格作为激励来激发运动者的参与热情。

③满足运动者展示自我的需要。

2. 通过强化手段培养动机

①规定获得奖励的行为和条件,注意奖励有度。

②最好对达到标准的优异表现进行没有规律的强化。

③运动者之间的相互强化值得鼓励。

④通过思想教育,使户外运动参与者明确能力、努力和自我价值的标志。

3. 依从、认同与内化

①依从:通过外部奖励与惩罚来激发运动动机。

②认同:利用他人与运动者之间的关系来激发运动者的运动动机。

③内化:通过启发信念与价值观来激发内部动机。

(二)户外运动运动注意的集中

提升注意力的方法主要有以下几种。

1. 秒表练习

练习者注视手表秒针的转动进行练习,如果能持续注视 5 分钟而不转移注意,就是成绩较好。

2. 模拟练习

模拟运动过程和周围环境可能出现的干扰情况,提高运动者的抗干扰能力。

3. 明确运动任务

在户外运动心理训练过程中,通过讲解说明,使运动者明确当前任务,专注于当前的可控因素,减少对不可控因素的注意。

(三)户外运动运动自信的提升

提高户外运动参与者的运动自信的具体训练方法如下。

1. 引发成功体验

实践表明,如果运动者多次成功地完成某一技术动作(训练任务),则就会对自己的能力充满自信。因此,创设成功的情境是提升自信的重要策略。在训练时,可通过创设相应的情境,让运动者有机会获得成功的体验,以此来增加运动者的运动自信。

2. 自我暗示

如果在比赛中出现情绪起伏较大、情绪不稳定等情况,可采用自我暗示的方法,通过默念"我必须沉着、镇静""我感觉很好""这个动作我能完成好"等来稳定情绪。

3. 自我放松

户外运动参与者可通过放松躯体肌肉来放松紧张心理,具体方法主要有:排除杂念,意念集中,做深呼吸,自信地微笑,以及从头部开始放松全身肌肉。

4. 建立乐观的思维定式

心理学研究表明,当运动者由消极的思维引起情绪紧张,并被自己察觉时,应采取积极的思维来阻断消极的思想意识。通过这种方式,能够使运动者快速摆脱不良情绪。

5. 自卑心理的调整

自卑是运动者经常会出现的心理问题之一,导致自卑的因素有两个,一是运动者自身运动成绩和效果不理想,二是他人对运动者的过低评价。要消除个体的自卑心理,应从自身原因入手,进行自我心理调节,重塑自我认知,并做到不受他人评价影响。

①对自己进行客观评价。在户外运动游戏、训练、比赛中,运动者应客观评价自己,如实看到自己的不足,也要善于发现自己的长处。

②与别人进行合理比较。运动者不要总用自己的不足与别人的长处相比,而应该与环境和心理条件相近的人进行比较,不仅是在户外运动中,在日常生活中也应如此。

③正确分析原因。分析成功的原因,也分析失败的原因。

④敢于表现和付出努力行动。多做一些力所能及的尝试,遇到困难不轻言放弃,通过努力获得成功可增强个体的自信。

(四)户外运动团队意识、协作能力的提高

户外运动具有挑战性、冒险性,许多户外运动需要团队协作完成,对于整个运动团队来说,必须要建立良好的团队意识,统一目标、统一行动,共同努力以完成团队目标。

户外运动参与者的团队意识的提高和团队协作能力的提高的具体训练方法如下。

1. 确立团体的道德准则

团队准则规定了队员在团体里的行动要求,并得到大部分队员的赞同和遵守。团体准则的主要作用就是调节运动者的行动,在户外运动正式开展前,明确团队道德和行为准则,对于规范团队各成员的行为具有重要指导作用。

2. 保持良好的团队情绪

团队的情绪状态是心理气氛的特殊形式。一般来说,获得好成绩和赢得胜利使每个运动者和整个团体都产生一种满足感。对于失败的科学处理也同样可以增强团队力量,这就要求运动者分析失败的原因,吸取教训,克服消极情绪,振奋精神。团队核心成员可以通过自我鼓励和鼓励他人,来使整个团队都始终保持良好的精神、情绪状态。

3. 减少团体冲突与竞争

团队中队员之间的冲突会导致极大的情绪波动,进而引发悲伤、委屈、愤怒、动武等多种负面情绪和行为,这都是户外运动过程中应尽量避免出现的,因为这种负面状态和行为会伤害运动者的自尊、注意力、团队协作,不利于训练和比赛任务的完成。团队成员之间的相互猜忌和不配合,很可能会导致户外运动中的技术失误,严重的可导致意外事故的发生。

团队冲突对于一个团体活动的心理气氛起着消极作用,因为冲突者更多的是考虑自己而非团队,团队竞争尖锐化会引起冲突。防止竞争变为冲突的最有效的途径,是在团体里进行超前的及预防性的心理疏导。根据运动者在户外运动中的角色职能、心理特点、性格特征进行心理调节和疏导。

4. 重视团队成员间的人际沟通

团队成员之间的关系是和团体氛围密切相关的。构成人际沟通的重要要素包括情绪表达、信息传递、沟通网的性质等。这些要素对于沟通双方的沟通的质与量、效果等具有重要影响,人际矛盾的产生也往往是由于沟通不顺畅而产生的。

户外运动心理训练中,应重视团队之间人际关系的沟通与协调,使队员之间相互信任和鼓励,为团结整体团队、提高团队作战士气创造良好的条件。

5. 增强团体内聚力

对于户外运动中的团体行动来说,团队内聚力对团队任务的完成具有重要的促进作用。内聚力不是先天的,是可以通过说服、疏导及其他方面的工作逐步形成和加强的。在增强团队内聚力的工作中,抓好骨干力量和核心队员的培养,是增强和提高户外运动团队内聚力的重点。

第六章 户外运动适应性
项目运动开展

　　户外运动所利用的大自然环境比专业体育场馆拥有更多的不确定因素,对运动参与者的体力、心理、智力、社会性能力都有更高的要求,参与户外运动,在真正决定走进大自然冒险之前,应先对自己的各方面素质能力进行全面和有针对性的锻炼与提高,以促进个体对户外运动的身心适应,如此才能确保在户外运动中的安全,并顺利完成各种户外运动的多重考验,享受户外运动所带来的与在室内开展的体育运动所不一样的运动体验。在正式参与户外运动之前,可先尝试参与一些强度不大、技术可控、活动可计划安排的户外运动项目,以使身心对户外运动有一个渐进性的适应过程,进而过渡到在大自然环境中开展户外运动。结合青少年学生群体特点,其可参与的户外运动适应性项目主要有轮滑、滑板、山地自行车、团队拓展。因此,本章重点对这些运动项目的基本概况和活动参与进行理论指导和实践分析,以提高青少年学生群体对户外运动的参与兴趣和参与能力。

第一节　轮滑、滑板

一、轮滑

(一)轮滑运动概述

　　轮滑运动,也称"滑旱冰",它是以有四个轮子的轮滑鞋为主要运动器具,在平整地面上滑行为基础的运动项目。

　　轮滑运动历史悠久,据史料记载,轮滑运动起源于 1815 年,当时一位名叫加尔森的法国人,为了能在夏天进行滑冰练习,而创造了利用轱辘鞋"滑冰"。1861 年,在巴黎世界博览会上,第一次出现轮滑表演。1863 年,轮滑鞋的制作工艺改善,以金属轮子代替木质轮子,为轮滑运动在各国的蓬勃发展奠定了物质基础。1924 年,国际滚轮溜冰联合会在瑞士蒙特勒成立,这是第一个世界轮滑国际组织。1992 年,在第 25 届奥运会上,轮滑首次被列为表演项目。目前,轮滑运动已经发展成为一项风靡世界的国际性体育运动。

　　20 世纪 30 年代初期,轮滑运动从欧美传入我国,1980 年 9 月,我国正式加入国际轮滑联合会。1983 年,我国成立中国轮滑协会。2010 年,在亚运会上,轮滑被列入正式比赛项目。在全民健身运动蓬勃开展的今天,我国群众性轮滑运动发展迅速,许多公园、广场成为大众轮滑运动的重要健身场所。轮滑运动在我国青少年群体中拥有广泛的健身人群基础,一些中小学还开设了轮滑课程,推动了轮滑运动的进一步发展。[①]

　　自由式轮滑是现代时尚轮滑运动的一种,于 21 世纪初传入我国,其与竞技轮滑和花样轮滑相比,受场地限制小、安全性好,再加上循序渐进的技术体系和时尚的轮滑体验,这种十分酷炫的轮滑运动形式吸引了许多青少年的目光,也成为大众轮滑健身的首选尝试项目。[②]

　　轮滑运动集健身、竞技、娱乐、趣味、技巧、休闲于一身。它受气候和场地条件的限制较小,用具携带方便、技术容易掌握,深受青少年喜爱。经常参加轮滑运动,可以锻炼身体的协调性、灵敏性和平衡能力,并培养勇敢、顽强的精神。轮滑运动是当前我国阳光体育运动的重要推广项目之一。

---

① 　王延光. 轮滑[M]. 长春:吉林文史出版社,2014.
② 　程晨. 自由式轮滑教程[M]. 北京:高等教育出版社,2017.

（二）轮滑技术学练指导

1. 站立

①平行站立：两脚平行分开，与肩同宽（图6-1）。

②"八"字站立：两脚跟靠近，脚尖分开（图6-2）。

③"丁"字站立：前脚跟卡住后脚的脚弓（图6-3）。

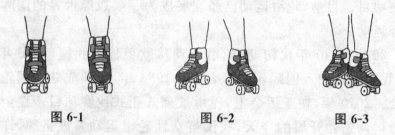

图6-1　　　　　　　图6-2　　　　　　　图6-3

2. 移动重心

（1）原地移动重心

①原地左右移动：两脚平行站立，上体稍向一侧倾移，逐渐将重心移至一条腿上支撑，待稳定后再向另一侧移动。

②原地抬腿：两脚平行站立，上体稍前倾，重心移至左腿，右腿稍抬起、放下，然后以同样的方法练习左腿。落地时双脚的轮子应同时着地。

③原地蹲起：两脚平行站立，做下蹲动作，可先做半蹲，逐渐加大下蹲的幅度，直至快速深蹲并做短时间的静蹲后再站起。

（2）外"八"字脚移动重心

两脚成外"八"字脚站立，重心移至左脚，右脚向前迈一小步，重心随之移至右脚上，左脚向前迈进一步，重心随之移至左腿上。

（3）侧向移动重心

两脚平行站立，重心右移，随之左脚向左侧横跨一步，右脚迅速靠拢，待稳定后再向右侧继续移动。

（4）横向交叉步移动重心

两脚平行站立，先将重心移至左腿上并继续向左移动稍超出左腿支撑点,收右腿,右腿向左腿前外侧迈步,双腿交叉,重心随之移至右腿,右腿支撑,收左腿侧跨一步,形成开始姿势。

3. 蹬地

(1)单脚蹬地,双脚前滑

"丁"字站立,左脚在前,右脚用内侧轮向体侧后蹬地,左脚尖稍外撇前滑,重心移至左腿,右脚收成双脚着地,前滑。双脚滑行阶段应长,两脚交替进行。

(2)两脚交替蹬地,两脚交替单足前滑

"丁"字站立,左脚在前,屈膝,右脚用内侧轮向体侧后蹬地,左脚屈膝前滑,重心移至左腿,单脚支撑前滑。右脚蹬地后在左脚侧后收至靠近左脚外侧时向前落地滑出,脚尖外展,再用左脚内侧蹬地,重复交替进行。

(3)前滑压步转变左脚支撑滑行

身体左倾,右脚在右后侧蹬地,蹬地后摆越左脚,在左前侧落地,重心移至左脚。同时左脚用外侧在右后侧蹬地,蹬地后前移至左前侧落地支撑滑行。

前滑压步右转弯与左转弯动作相同,方向相反。

(4)后滑压步转弯

以后滑压步右转弯为例,先右脚支撑后滑,身体右倾,左脚在左前下方蹬地。左脚蹬地后摆越右脚尖,在右侧下方支撑落地,重心移至左脚,左脚在右侧前下方蹬地,蹬地后移至右后侧下方支撑落地滑行。连续压步转滑行。

4. 滑行

(1)向前滑行

①双脚滑行:用右脚内刃向侧后方蹬地,重心移至左脚,蹬地后的右脚迅速收回与左脚平行,双脚前滑,左脚内刃向侧后方蹬地,蹬地后迅速收回与右脚平行,双脚前滑。两脚交替蹬地连续前滑。

②前葫芦步：以双脚内刃站立，身体前倾，屈膝用力，脚尖向外，两臂自然张开保持平衡。当双脚向前外滑出至最大弧线时，两脚尖迅速内收靠拢，恢复至开始姿势。双脚连续分开与靠拢，持续前滑（图6-4）。

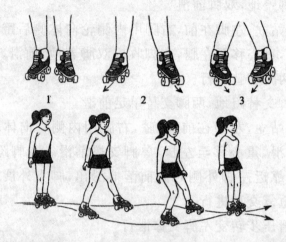

图 6-4

③前双曲线滑行：两脚平行站立，左脚以内刃向侧肩蹬地（四轮不离地），重心在右脚，向右滑双脚曲线，右脚用内刃向侧后方蹬地，重心偏向左脚，向左滑双脚曲线，如此依次连续滑行（图6-5）。

图 6-5

④单脚前直线滑行："T"形站立，左脚在前，右脚在后，稍屈膝，右脚内刃蹬地，重心移至左腿，右腿蹬直后右脚蹬离地，左脚向前滑行。收右脚在左脚侧面落地，左脚蹬地重复上述动作，成

右脚单脚前滑。两脚交替前滑(图 6-6)。

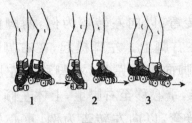

图 6-6

(2)向后滑行

①向后葫芦滑行：两脚平行站立，脚尖稍内转，两腿弯曲，用两脚内刃向前蹬地，同时两脚跟向两边分开，向后外滑至最大弧线时，两脚跟收拢，直膝，恢复至站姿，重复上述动作，连续后滑(图 6-7)。

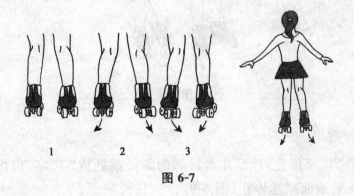

图 6-7

②向后蛇形滑行：两脚开立，屈膝，脚尖内转。右脚内刃向前下方蹬地，重心移向左侧，成左脚后滑。右腿伸直，右脚放在左脚侧面，恢复开始姿势。再用左脚蹬地，重心移向右侧，成右脚后滑。左腿伸直，随即左脚放在右脚的侧面。依次重复上述动作，连续后滑。

(3)转弯与转体

①双脚前滑转体变后滑：以向左转体为例，两脚平行前滑，左脚后轮支撑，前轮离地向左转。右脚前轮支撑，后轮离地在左脚后滑行。上体和手臂也配合向左转体 180°，接后滑。

②双脚后滑转体变前滑：以向左转体为例，重心移右脚，左脚

提起,随上体和手臂向左转体180°落地支撑。重心移至左脚,右脚蹬地接前滑。

③后滑压步转弯:以向左转弯为例,两脚前后分开(右前左后)后滑,重心落在右脚上。左脚提起,在右脚的左后方落地,重心移到左脚上;左脚向右侧蹬地,右脚移至左脚左前方,右膝弯曲,两脚交叉,压步,重心移至右脚上,上体左倾。

④前滑压步转弯:以向左转弯为例,重心先在左脚,身体左倾;右脚向右侧后方蹬地结束后,收腿提至左脚左前着地;左脚再向右脚的右侧后方蹬地,推动右脚向左滑行,重心移至右脚,上体左转(图6-8)。

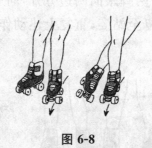

图 6-8

3. 制动

①"T"字停止:浮足在滑行脚的脚后跟处成"T"字,以内侧轮慢慢压紧地面减速停止(图6-9)。

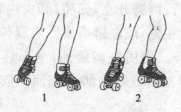

1 　　　　2

图 6-9

②内"八"字停止:屈膝,上体前倾、下蹲,脚尖内转,两脚以内侧轮压紧地面减速停止(图6-10)。

图 6-10

③双脚急停法：两脚同时做顺时针方向急转，左脚内刃、右脚外刃压紧地面减速停止。

④向后滑行停止：在向后滑行过程中，双脚跟抬起，用制动器摩擦地面减速，直至停止。

二、滑板

（一）滑板运动概述

滑板运动起源于美国，20 世纪 50 年代末至 60 年代初的美国，美式冲浪音乐及电影领导潮流，为寻找陆地冲浪乐趣，美国南加州海滩社区的居民们发明了世界上第一块将木板固定在铁轮子上的滑板。

滑板运动诞生初期，由于滑板太笨重、无弹性、转向机构不灵敏、轮子太滑等，在进一步普及发展方面受到了制约。后来，经过工艺技术改革，滑板的板面越来越轻，轮滑转向越来越灵活，耐磨性不断升级，于是滑板运动受到了更多人的喜爱和推广普及。20世纪 70 年代中期，滑板运动飞速发展，这一时期的滑板文化带着冲浪的印记，滑板爱好者修建的滑板公园都是模拟的冲浪的地形。之后，美国加州"西风"滑板队摒弃冲浪道具，首次把钥匙孔游泳池作为练习垂直表面滑板的场地，并在全美掀起"泳池滑板热"，至此，滑板运动彻底与冲浪相分离，形成一种独具语言、技巧、服饰风格和音乐爱好的体育运动。1981 年，美国滑板运动协会和欧洲滑板运动协会在前西德联合举办了第 1 届世界杯滑板运动比赛。从此,正式将滑板运动推上了世界竞技体育舞台。

20 世纪 80 年代末,滑板运动传入我国,北京体育学院(现为北京体育大学)最先引进滑板运动,起初在留学生间流行,之后在大学生间迅速传播,并从校园走出校门,成为一项大众健身、娱乐运动。1993 年 8 月,首届全国滑板运动比赛在北京举行,我国竞技滑板运动正式得到发展。目前,滑板运动在我国拥有广泛的青少年运动群体基础,是我国青少年非常喜爱的时尚健身运动项目之一。

滑板运动的器材(滑板)有大有小、有长有短,而且适合多种地面,再加上滑板运动富于刺激性和挑战性,它与传统的运动项目不同,不拘泥于固定的模式,强调身心的自由,推崇运动与自然互融,富有自我挑战性、观赏刺激性、高科技渗透性,是一种时尚运动。青少年在生理上处于生长发育时期,在心理上也处于最富于探索、冒险、好胜的时期。他们朝气蓬勃,乐于在冒险活动中寻找乐趣。滑板运动恰能满足青少年的这种生理和心理需求,并能通过滑板运动切实促进自身的身心发展,因此,滑板运动深受青少年的喜爱,国家和学校也都支持青少年学生积极参与滑板运动。

(二)滑板技术学练指导

1. 滑行

(1)直线滑行

滑板的直线滑行是指滑板在地面上移动,移动的痕迹呈一条直线。

①单脚蹬地滑行:以左脚在板上为例,左脚踩在板上前桥稍后,脚尖稍内扣,半蹲,重心在支撑腿上,头向前看,胸正对膝,右脚在板上脚内侧的地面上。蹬地时足跟先着地,过渡到前脚掌,前脚掌用力蹬地,脚蹬地后附着在支撑腿的侧方。

②脚分立后轮滑行：单脚蹬地滑行产生速度，一脚踩在板上前桥稍后，另一脚踩在板尾后翘，重心居中，膝微屈。借助于前滑速度，前腿逐渐抬起，随之重心后移并加大屈膝幅度，前轮慢慢抬起。

③脚分立前轮滑行：单脚蹬地滑行，一脚踩在板上前桥稍前，另一脚踩在板尾后翘，重心在两脚之间，屈膝，肩对滑行方向。重心前移，后轮抬起，利用前轮前滑。

④脚分立减速滑行：脚位与脚分立后轮滑行相同，肩对滑行方向，臂自然分开，借助于前滑速度，前腿逐渐抬起，重心后移，板尾着地，前滑速度逐渐减慢。滑行速度取决于板与地面摩擦力的大小。

（2）曲线滑行

①扭动滑行：利用身体扭转，使滑板向前移动，运动轨迹呈"V"字形。

以左脚在前、右脚在后为例，侧对滑行方向站立，膝向左扭转，重心后移，胸转向正对滑行方向。重心继续后移，左脚蹬地使板头抬起，偏离直线方向，向"V"字形的第一斜线方向移动，胸逐渐转向正对板头方向。重心继续后移超出支撑面，随前滑，移动下支撑点，使重心逐渐恢复并接近支撑面，重心降低，上体向脚尖方向（左）转，此时上体与下肢呈扭动姿势，上体右移超出支撑面范围，左脚向后蹬地，使板头抬起，向"V"字形另一斜线方向移动，重心继续前移，逐渐转向肩对滑行方向。移动下支撑点，使重心逐渐接近支撑面，重心降低，膝扭转，重心后移，上体逐渐转向胸对滑行方向，开始第二次扭动滑行。

②"S"形滑行："S"形滑行是曲线滑行的一种，通过身体重心移动和扭转滑行，运动轨迹呈"S"形。

基本站姿，借助于前滑速度，膝向左扭转，重心后移，胸转向正对滑行方向。板头偏离直线方向，重心继续后移远离滑板，胸逐渐转向板头方向，并继续左转。利用移动下支撑面，重心逐渐接近支撑面，降低重心，身体移向脚尖。上体向右回转逐渐转向肩对滑行方向,重心远离支撑面,膝向左扭转,准备进行第二个"S"形曲线滑行。

③转体180°滑行:以右脚在前为例,基本姿势侧对滑行方向,借助于滑行速度加大膝弯曲接近半蹲。脚用力向下踩板蹬地,重心后移并移至板外,右脚向后平拉,左脚向前平推,身体带动板向右转动180°,转动时轮不离开地面。

2. 跳跃

(1)跳转180°

两脚一前一后站立于板中央,屈膝侧对滑行方向。逐渐转向胸对滑行方向,两脚蹬板上跳,上体姿势不变,下肢迅速转动180°,落板时顺势屈膝。

(2)冲板

冲板技术具体指板向前移动,人从地上跳到板上,并使板加速滑行。

施力于板,使板前移,人在地上向前跑动,身体保持正直,目视前方,跑动到板后1/3处时,外侧脚在板的侧面蹬地,上跳,脚略领先于身体,重心稍后,两脚同时落在板上。

(3)穿越

穿越是滑行中板从障碍物下穿过,人跳起越过障碍后落在板上的动作。

基本姿势为站立,遇到障碍时,转向胸对滑行方向,下蹲上跳,大腿上抬,人体从障碍上越过,板从障碍下穿过,越过障碍物后,腿逐渐下伸,落板时顺势加深屈膝。

(4)蹲跳

蹲跳是利用蹲的姿势进一步完成各种具有一定技术难度的动作。

基本姿势为站立,借助于滑板速度下蹲,手在体前或体后握板,重心居中,用力向下踩板,上跳。

3. 刹车

(1)单脚拖地刹车

滑行中,先将一脚踩在板上前桥,脚尖对准板头方向,另一脚下板至板上脚侧前的地面上,上体稍前倾,膝弯曲,重心随之移到地面的腿上。板继续向前移动,使板上脚移至板尾后翘。板上脚向下踩板,板尾拖地,上体逐渐抬起,使板尾与地面接触而停止。

(2)板尾拖地刹车

脚位与脚分立后轮滑行相同,重心后移,前腿逐渐上抬,板尾拖地,板尾脚用力下踩,利用板与地面的摩擦使运动停止。可用于成套动作的结束。

(3)转体180°刹车(转身刹车)

一脚踩板上前桥稍后,另一脚的足跟踩板尾后翘(前脚掌在板外),侧向站立,屈膝,肩对准滑行方向。利用前滑的速度,身体前倾(向脚尖方向)。前腿逐渐抬起,重心后移,板头翘起,板尾拖地,板尾和后脚的前脚掌着地,身体带动板转体180°停止。

4. 急停

(1)转体90°

以反向转体90°急停为例,左脚踩板上前桥稍前,右脚踩板尾后翘,屈膝,肩对准滑行方向。前滑时迅速下蹲,脚用力踩板,臀部后坐、重心后移,上体前倾。左脚向后,右脚向前猛然平拉与平推,身体带动板快速转体90°,利用轮与地面的摩擦使运动急剧停止。

(2)跳转180°急停

以右脚在前为例,右脚踩板中,左脚足跟踩板尾后翘,重心居中,屈膝。前滑时身体前倾,重心后移,右腿上抬,板头翘起,上跳,左脚前脚掌向后拨板,上体带动下肢转体180°急剧停止。

第二节　山地自行车

一、山地自行车概述

自行车是一种简单、环保、方便、大众化的人力交通工具,其集交通运输、健身、休闲、娱乐、竞技于一体,在广大人民群众中非常普及。

从世界范围来看,我国是最早发明自行车的国家,自行车源于我国公元前 500 多年的运输货物的独轮车。康熙年间,黄履庄曾发明过自行车,《清朝野史大观》卷十一记载:"黄履庄所制双轮小车一辆,长三尺余,可坐一人,不须推挽,能自行。行时,以手挽轴旁曲拐,则复行如初,随住随挽,日足行八十里。"[①]可惜未能传承。

现代自行车起源于西欧,自行车于 18 世纪初由俄国人阿尔塔莫诺夫发明。1896 年,在第 1 届奥运会上,自行车就被列为正式比赛项目。

现代山地自行车运动诞生于 20 世纪 70 年代初期的美国。当时,美国加利福尼亚州的塔马尔帕伊斯的人们将老式的游览用自行车和配有充气轮胎的自行车改造成能够在高低不平的地面上行驶自如的人力车,山地自行车由此而产生。

山地自行车产生以后,山地自行车比赛也被国家运动协会所接受。随着比赛的不断发展,山地自行车运动也得到了一定的发展和改进。1983 年,举行了美国山地自行车冠军赛。1990 年 9 月,24 支国家自行车队在美国科罗拉多州多伦哥市参加了第一次正式的世界比赛。1996 年,山地自行车越野赛成为亚特兰大奥运

---

① 郑亚平.大众自行车运动知识与实践攻略[M].北京:化学工业出版社,2012.

会的正式比赛项目。现阶段,山地自行车已发展成为一项单独的赛事。

山地自行车在户外山地区域开展,与平地的自行车相比,在体力消耗方面更大,整个路况也对运动者的自行车技术有较大的考验,同时,户外的自然运动环境还能给运动者的心理带来不一样的运动体验。山地自行车是一种非常流行的户外健身、休闲、娱乐运动。

二、山地自行车基本技术学练指导

(一)身体姿势

①上体较低,头部稍倾斜前伸。

②双臂自然弯曲,降低重心,防止车子颠簸冲击全身;双手轻而有力地握把,臀部坐稳鞍座。

③下坡时,重心要始终靠后,胸部重心应落在鞍座上。

④上坡时,重心移到鞍座后部,使双腿获得最大的杠杆作用。上半身放低,趴在车把上,固定车位。

(二)手的姿势

①不要过于用力,保持放松,微屈肘,肩部放松,后背伸直。

②车把不要抓得太紧,以免上半身、手臂过于紧张而过早疲劳,失去控制。

③拇指和其他几根手指分开成空拳状握住车把。

(三)踏蹬技巧

为了能连续、平稳地把能量传送到动力传动系统,车手应该学会如何连贯地踩动脚蹬做环形运动,切忌上下猛踩脚蹬。

山地自行车运动的踏蹬方法有自由式、脚尖朝下式和脚跟朝下式三种。每种方法都具有其独特的特点,运动者可结合自身喜好和特点有针对性地选择运用。

（四）刹车技术

自行车有刹车装置，车手只需要一两根手指就能操作刹车装置，锁住车轮，其他三根手指用于握住车把，控制自行车。

自行车有前后两个部位的刹车，前闸刹车效果比后闸好，但是应根据地形谨慎使用。一般而言，在短而急的斜坡上向下骑行，或在土质疏松的地面上转弯时，除非骑车技术非常娴熟，否则尽量不要使用前闸。

（五）变速技术

自行车的变速装置是为更省力、更舒适而设计的，可避免出力不均而产生疲劳。

在山地自行车运动中，变速的时机为上坡、下坡、路面凹凸不平、逆风以及踩踏感觉吃力疲劳时。

三、山地自行车复杂地形骑行技术学练指导

（一）多石地面的骑行技术

①在多石路面骑行时，车手会随着自行车左右摇晃，要重点注意掌握平衡。

②如果距离不是太长，宜采取俯卧姿势，站在脚蹬上，降低身体重心，双腿发挥杠杆作用，使前轮保持平稳。肘部下垂，防止前轮上翘。

③如果想改变骑车方向，车手应将身体的重心从一侧移动到另一侧，再轻轻地推动自行车朝前进方向行进。

（二）沙地骑行技术

①进入沙地前，提高骑行速度，借助较高车速成功穿越沙地。

②重心后移，减少前轮重量，避免前轮陷入沙中。

③用足力气,脚蹬以平稳节奏转动,保持自行车前进速度。

④不要转动车把。

(三)坡路骑行技术

1. 上坡骑行技术

当坡短而陡时,高强度运动持续时间短,车手要保持正确的骑车姿势,把身体的重心移到后轮上,同时在前轮上应保持足够的重量,以防自行车前翻。

当上坡距离较长时,车手应根据自己的体力状况及时调整传动比,即调节蹬踏用力时省力的齿轮来保持车子能快速前进,避免重新起动,可站立骑行。

2. 下坡骑行技术

下坡骑行时,速度快,车手注意力要高度集中,随时观察路况,提前预判,胆大心细,机智勇敢。

下坡骑行过程中,重心尽量降低后移,充分利用车子运动的惯性滑行,手臂完全伸直。同时,上体前倾、下压,胸部降到鞍座高度(图 6-11)。

图 6-11

此外,下坡骑行应注意刹车的使用,通常以后刹为主,可轻点前刹。

（四）弯道骑行技术

①转弯前，控制车速。用点刹的方法逐渐减速，尽可能前后闸同时使用。

②转弯时，身体和车子同时向里倾斜，保持一条直线，以克服离心力。倾斜角度根据速度和弯道大小而定，一般不超过 28°，以免滑倒（图 6-12）。

图 6-12

③进入弯道后，放开手闸。

四、山地自行车跨越障碍技术分析

（一）骑车跳技术

1. 齐足跳

在山地自行车运动中，当遇到障碍物且没有可利用斜坡和沟沿时，可以采用齐足跳越过障碍。

①准确判断前方障碍物，保持适宜的骑行速度。在碰到障碍物前，上身伸直，四肢微曲，下蹲，蜷缩在自行车上。

②前轮将碰到障碍物时（相距大约 50 厘米），向下按压自行

车前部,双腿同时向下用力和手臂用力上拉,身体向上,抬起车把。

③前轮离开障碍物后,扭动车把,双脚向后、向上猛拉,后轮离开地面,沿着前轮的轨迹向前滑动。

④重心前移和后移。重心前移有助于前轮着地,后移则有助于前轮抬起,先让后轮着地,再让前轮着地(图 6-13)。

图 6-13

2. 借助斜坡跳跃

借助斜坡和沟壑的边缘起跳,在自行车落地之前,可以跨越相当长的一段距离,具体跳跃技术如下。

①逼近:目视前方,靠近障碍物时,身体放松,重心放低,四肢微曲,呈下蹲姿势。

②跳跃:碰到障碍物时,自行车弹起,借助上弹力量立即从自行车上站起,重心后移,使鞍座朝着自己的腹部移动。当人、车同时弹入空中后,下压自行车,但双腿和胳膊仍然要保持微曲姿势。

③着地:先让后轮着地,再让前轮着地。

④回座:自行车两个轮子都着地以后,重心随之下降,四肢微

曲,慢慢地把身体的重量转移到自行车上(图 6-14)。

图 6-14

(二)骑车过"坎"技术

1. 前轮触地过"坎"

①选择看上去比较容易应付的路线,低速靠近。

②当前轮抵达斜坡边界处时重心后移,离开鞍座。

③开始下坡后,上身及双腿伸开,稍曲,轻按后闸,但不要锁住后轮。重心后移,增加地面摩擦力。

④坡度逐渐平缓后重心前移,回到鞍座上(图 6-15)。

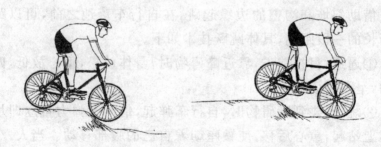

图 6-15

2. 前轮离地过"坎"

①靠近斜坡边缘时,速度要适中。

②重心后移,后拉车把,同时用力踩一下脚蹬,站立,使自行车前轮离开地面,形成前轮略高于后轮的姿势。

③过"坎"后,保持前轮略高于后轮的姿势直到自行车落地。

④自行车落地后,车手坐回鞍座,继续骑行(图6-16)。

图 6-16

(三)骑车过障碍技术

自行车行驶在山路上的过程中,经常会遇到障碍物,主要是比较大的石头、圆木。在遇到前,最好避开,从旁边绕过去。要想从上面跳过去,则要看石头、圆木后面是否有足够的空间,自行车落地时是否安全。

比较小的石头或细圆木可利用"齐足跳"技术跳过。

①当前轮快要碰到障碍物时,向上猛拉车把,通过动力传动系统用力,就像自行车前轮离地时的平衡特技一样。前轮抬起的高度以能够爬上圆木和石头边缘为宜。

②等前轮安全地落在圆木上时,重心前移,保持前冲力,迅速移动身体,减轻后轮负重。

③继续踏蹬,让后轮落在障碍物的上面。由于车手重量落在前轮上,并保持着一定的前冲力,后轮能够爬到圆木顶部。

④越过障碍后,重心后移,恢复正常姿势骑行(图6-17)。

图 6-17

(四)骑车过沟壑技术

1. 骑车过一般沟壑

小沟可以跳过去,如果沟比较宽,可以从沟底骑过去。

①前轮碰到沟边时,重心后移,使之离开前轮,推动前轮下到沟内。

②到对面斜坡时,再提起前轮并从沟中冲出去。

③重心前移时继续蹬踏(图 6-18)。

图 6-18

2. 骑车过"V"字形沟壑

在山地自行车运动中,由流水冲刷而成的"V"字形沟壑(通常宽约 50 厘米,最深处也在 50 厘米左右)是比较难通过的地形。遇到这种沟壑,可利用以下几种方法通过。

①把自行车从沟上面扛过去。

②在跨越沟壑时,运用前轮离地平衡特技。后轮碰到沟底时,重心前移,同时继续蹬踏,冲出沟底。

第三节　团队拓展

　　拓展训练通常以团队形式开展,旨在增强运动参与者的团体协作能力和集体意识。团队拓展训练主要是在高校开展,我国户外运动开展得较晚,20世纪80年代才开始,最初主要是小范围内的群体活动。至20世纪90年代中期,户外运动才在全国普及。之后,户外运动被纳入我国高校体育教学系统之中,受到了高校大学生的青睐,但只有少数高校在开展户外运动方面发展得较好,如北京大学、中国农业大学、中国地质大学等。团队拓展训练作为广泛意义上的户外运动训练,在高校大学生群体中深受欢迎。团队拓展训练与传统的体育课程有很大的不同,其教学条件为自然地理资源,教学内容为教授学生户外运动的基本常识和基本技术技能,教育目的为培养学生独立安全地参与户外运动和竞赛的能力,增进学生身体健康、拓展学生心理品质、培养学生综合素质。团队拓展不仅有助于学生综合素质的发展,还能为学生参与更具挑战性的户外运动奠定良好的心理和协作基础,是户外运动的基础性和适应性运动锻炼内容。

　　发展到现在,团队拓展训练的内容越来越丰富,不同训练内容和形式可从不同角度对参与者的体能、心理、智能、集体意识、团体协作能力等起到促进作用。这里重点对典型的几个团队拓展训练项目内容和方法进行详细阐析。

一、破冰类项目

（一）兔子舞

　　项目介绍:每组学生排成一列,后一位学生双手搭在前一位学生的双肩上,学生按照培训师的指令做动作。

项目人数：10 人以上。

项目时间：10 分钟。

场地、器材：空地或大会场；音响和快节奏的乐曲。

项目目标：活跃气氛。

项目操作：

①排成一队。

②后面一位学生双手搭在前一位学生的双肩上。

③听动作指令：左脚单脚跳两下，右脚单脚跳两下，双脚再连续向前跳三下。

（二）面对面介绍

项目介绍：所有成员围成两个同心圆，相对站立，向对面同伴介绍自己。

项目人数：20 人以上。

项目时间：15 分钟。

场地、器材：一块平整的场地。

项目目标：打破人际隔阂，使成员相互熟悉并迅速融入集体。

项目操作：

①所有成员相对排成两个同心圆，一边唱歌一边转，内圆和外圆的旋转方向相反。

②歌曲结束时停止转动，面对面的人彼此握手寒暄并相互自我介绍。

（三）大树与松鼠

项目介绍：团队破冰。

项目人数：10 人以上。

项目时间：5～10 分钟。

场地、器材：一块平整的场地。

项目目标：活跃气氛。

项目操作：

①三人一组，每组选两人扮"大树"，双手搭成圆圈形成"树洞"，另一个同伴扮演松鼠站在"树洞"中间，设若干学生担任自由人。

②教师喊"松鼠"，"大树"不动，"松鼠"离开"大树"，重新选择其他的"大树"；自由人成为"松鼠"趁机寻找"大树"，没有找到"大树"的"松鼠"表演节目。

③教师喊"大树"，"松鼠"不动，"大树"拆分后再重新组合并圈住某个"松鼠"；自由人临时组合扮演"大树"，没有组成"大树"的人表演节目。

④教师喊"地震"，所有人打散自由组合成大树或松鼠，落单的人表演节目。

（四）我是记者

项目介绍：团队破冰。

项目人数：不限。

项目时间：15分钟。

场地、器材：室内外均可；纸和笔。

项目目标：训练学生的表达技巧。

项目操作：

①参与者尽量选择自己不太熟悉的人作为搭档，以记者身份对这位搭档进行采访。内容和形式自己决定，时间为3分钟，然后互换角色。

②完成采访后，每位学生争取把所采访对象用最佳的方法介绍给大家。

二、沟通类项目

（一）蜘蛛网

项目介绍：培养团队合作精神、领导才能、沟通能力以及处理冲突的能力。

项目人数：不限，人数较多时可分组进行，每组 8～12 人。

项目时间：1 小时以上。

场地、器材：两棵结实的大树（用来支撑蜘蛛网）、尼龙绳（编织蜘蛛网）、八个螺栓或几节绳子（固定蜘蛛网）、蒙眼布若干、小铃铛若干（警报器）、大橡胶蜘蛛。

项目目标：

①培养学生的团队合作精神。

②增进学生的沟通与交流。

③培养学生协同解决问题的能力。

④培养学生的自信心。

项目操作：

（1）项目设置。

①用螺栓或绳子在两棵树上各做四个固定点，最低固定点距离地面约 20 厘米，固定点间距 70 厘米。

②利用固定点测量编织蜘蛛网边框，尼龙绳上每隔 10～15 厘米打一个结，避免绳子滑动。

③用打好结的尼龙绳编织边框，再编织蜘蛛网，网洞应使队员能够顺利钻过。

④在编好的蜘蛛网上放橡胶蜘蛛烘托气氛，放小铃铛充当警报器提示有人触网。

（2）项目控制。

①将学生分成若干个由 8～12 个人组成的小组。

②教师致游戏开场白："你们小组在一片原始森林中迷失，走出森林的唯一出路被一个巨大的蜘蛛网封锁了，所有人必须从蜘蛛网中钻过去。这时蜘蛛正在睡觉，穿越蜘蛛网的过程中一旦有人碰到蜘蛛网，就会惊醒蜘蛛并被蜘蛛咬伤，正在穿越的人和已经过去的人都会被蜘蛛咬伤失明。蜘蛛网的每一个网洞只能用一次，第二次通过的人也会惊醒蜘蛛，所有人必须从不同的网洞穿越。"

③游戏结束后,引导学生就团队合作、沟通、冲突和领导等问题展开讨论。

(二)黑暗列队

项目介绍:蒙眼按号排序。

项目人数:10～12 人为一组比较合适。

项目时间:30 分钟。

场地、器材:室外空地;眼罩、摄像机。

项目目标:体会沟通的方式有很多种,提高学生对环境的适应能力。

项目操作:

①教师给每人一个编号,但这个编号只有学生本人知道,一定要保密。

②根据各自的编号,按从小到大的顺序列队,排列出一条直线。

③全过程不能说话,只要有人说话或摘下眼罩,游戏就可结束。

④全过程录像,并在点评之前放给大家看。

(三)孤岛求生

项目介绍:模拟孤岛环境,激发创新意识,提高合作能力,学会热爱生活。

项目人数:9～18 人。

项目时间:100 分钟。

场地、器材:场地平坦;60 厘米×60 厘米×25 厘米的木质方箱 12 个左右、25 厘米×25 厘米木箱一个、两块木板(要求无裂缝,木板横向叠放在盲人岛上)、羽毛球五个左右、一个塑料桶、任务书一套、白纸两张、生鸡蛋两个、筷子两双、两段 50 厘米的透明胶带、一支笔、$(\frac{N}{3}+1)$个眼罩(N 为参训人数)。

项目目标：

①训练学生的领导艺术与领导能力。

②培养学生的创新意识与风险意识。

③培养学生的时间管理能力与 20/80 法则。

④加强同伴之间的信任与合作。

项目操作：

(1)项目布置。

①将所有人随机分成三组,男女搭配分开,尽量将团队中人员的职业角色与岛上角色互换。

②用箱子分别组成哑人岛、珍珠岛、盲人岛。哑人岛、珍珠岛相对大一些。

③先将一组人(不少于三人)带至哑人岛,尽量安排一个力气大的男学员。哑人岛的人都不能说话,违规者取消游戏资格。

④将另一组人带至珍珠岛。

⑤将最后一组人带至盲人岛,盲人岛上的人均戴上眼罩,违规者取消游戏资格。

⑥将任务书、鸡蛋、笔、白纸、筷子与胶带发给远离其他岛的珍珠岛上的学生。

⑦将任务书交给哑人岛上的任一人,最后将盲人岛任务书悄悄塞到一名学员手里,并且将羽毛球分发给不同学员。

⑧项目开始,限时 40 分钟。

(2)项目控制。

①哑人在盲人未投进球前不得挪动木板,违者处罚。

②如学生隔岛传递或两岛之间传看任务书应立即制止,警告或处罚。

③项目开始阶段如有人无意落水,可假装没看见,时间过半可以利用学员偶然落水的机会将其带至盲人岛。

④除盲人外其他任何人不得触球。

⑤除哑人外其他任何人不得搭放木板。

三、团队类项目

（一）鳄鱼潭

项目介绍：利用工具进行团队转移。

项目人数：每队 15～20 人，几队一起竞赛。

项目时间：90 分钟。

场地、器材：一块平整的空地；每队三个油桶、两块木板、手套20 副。

项目目标：

①感受团队的合作精神。

②启发团队的创意，使团队形成良好的沟通。

③提高团队的领导力、执行力、凝聚力。

项目操作：

①说明情境：你们在行军途中遇到一片沼泽地，军情紧急，必须在 60 分钟内安全通过沼泽地，可借助的工具是油桶、木板。

②所有学生站在一个油桶和两块木板上（两块木板搭在三个油桶上），在不可以说话的情况下，按年龄大小排序。

③项目开始后可以说话，但所有学生不可以落地，借助油桶和木板，将人挪到指定位置，成功地脱离鳄鱼潭。

（二）众志成城

项目介绍：团队合作项目。

项目人数：20 人以上。

项目时间：20～40 分钟。

场地、器材：一块平整的场地；数张泡沫拼图。

项目目标：使学生体会合作的重要性，体会个人在团队中履行职责的重要性。

项目操作：

①全体学生分组。

②在地上铺若干块一平方米的泡沫拼图，各组成员分别站在各组的泡沫拼图上。站立方式不限，任何人的脚不可以踏在泡沫拼图外。违者整组淘汰。

③逐次减少泡沫拼图，再请各组成员分别站在各组的拼图上，淘汰方式同上。直到淘汰至只剩最后一组时游戏结束。最后一组获胜。

（三）信任背摔

项目介绍：合作用力接住高台跌落者（图6-19）。

项目人数：12～16人。

项目时间：40分钟。

场地、器材：一块平整的场地；一个1.5～2米高的背摔台。

项目目标：

①使团队中学生互相信任、互相帮助。

②提升学生挑战自我的勇气。

③增强学生换位思考的意识。

图 6-19

项目操作：

①项目开始前，摘掉身上所有的硬物、尖锐物。

②背摔（后倒）前，接受队训，练习绑手、对位、试压以及搭人床。

③每一个学生轮流站在背摔台上，按要求后倒，其他所有队友将其接住。

（四）全体离地

项目介绍：团队成员在规定时间内，搭建竹架并同时离开地面。

项目人数：每组 12 人。

项目时间：20 分钟。

场地、器材：一块平整的场地；若干根粗竹子，若干条小白绳。

项目目标：

①提高学生的团队协作能力。

②让学生体会团队计划、分派、沟通、合作、执行力。

项目操作：

①成员分组，每组 12 人。

②分发器材，每组九根粗竹子和九条小白绳。

③要求小组在 20 分钟内建起一个架构，该架构应能使全体组员都同时离地三分钟。

四、领导类项目

（一）齐眉棍

项目介绍：小组成员并排或相对站立，用双手托起塑料棍，使塑料棍从眉头开始完全水平地向下移动。

项目人数：10 人以上。

项目时间：30～40 分钟。

场地、器材：一块平整的空地；2～3 米的轻质塑料棍。

项目目标：培养学生的领导能力，建立学生之间的默契，加强团队沟通。

项目操作：

①准备一根可伸缩的轻质塑料棍。

②各小组成员排成一列，全部将双手举到自己的眉头位置。

③将轻质塑料棍放在每个人的双手上，确保每个人双手都能接触到塑料棍。

④保证每个人的手都在塑料棍下，将塑料棍完全水平地向下缓慢移动。一旦有人的手离开塑料棍或塑料棍失去水平就算失败，应重新开始。

（二）拆除定时炸弹

项目介绍：角色扮演，执行者在领导者的指挥下完成任务。

项目人数：10～12 人一组。

项目时间：30 分钟。

场地、器材：离地一米的平台；两根长粗竹子（3 米），一根短粗竹子（1 米），三条小白绳，两条长绳子（20 米），秒表。

项目目标：

①发挥团队的智慧。

②处理团队不同意见，保证顺利制定和实施决策。

项目操作：

①教师发给每组学生材料。

②小组必须在 20 分钟内建起一个架构。

③请其中一位学生顺利将定时炸弹拆除。

（三）齐步走拾物

项目介绍：全体学生步伐一致移动并抓拾物体。

项目人数：6～8 人一组。

项目时间：60 分钟。

场地、器材：一块空地；每组两块长木板（2 米），12 条白绳（2 米）。

项目目标：

①理解领导者的主要职责。

②学习团队成员如何有效沟通和配合。

项目操作：

①教师发给学生材料。

②每组学生利用材料做成"八爪鱼"。

③学生利用"八爪鱼"在规定时间内完成指定路线和拾取指定的物件。

五、空中挑战类项目

（一）空中断桥

项目介绍：个人挑战为主，高空类高心理冲击项目。

项目人数：10～16 人。

项目时间：120 分钟。

场地、器材：

①室外：专项训练架，高 7～12 米。

②高空升降装置、保护装置，由专业拓展训练培训师准备和安装。

项目目标：

①培养学生克服恐惧、认识自我、战胜自我的能力。

②培养学生面对困难时互帮互助的精神，培养学生的团队意识。

③使学生了解鼓励他人和获取鼓励的重要性。

④使学生体会自我说服与自我激励的重要性。

⑤提高学生的心理承受能力。

项目操作：

①组织学生学习安全带、头盔、主锁与上升器的使用与检查方法。

②教师在地面演示并组织学生模拟练习在桥面上的完整动作。

③帮助学生穿戴好保护装备，地面试跳，接受队友激励。

④挑战者爬上高空，教师在学生上到桥上时说："欢迎前来挑战"，并让其背靠立柱保护身体的内侧，为其扣上保护绳主锁，摘去上升器连接的主锁（摘锁顺序一定要先挂后摘），再次检查安全带、头盔的穿戴情况。

⑤挑战的学生准备好后，大声问地面的队友："准备好了吗?"听到队友说"准备好了"后，跨步跳到桥板另一端。

（二）高空抓杠

项目介绍：个人心理挑战，团队协作项目。

项目人数：10～16 人。

项目时间：120 分钟。

场地、器材：

①野外基地综合训练架。

②长 25 米、直径 10.5 毫米的动力绳两根，长绳套两套，八字环两个，丝扣铁锁四把，钢锁四把。

③全身式安全衣两套、头盔两顶、手套六双。

项目目标：

①鼓励学生克服心理障碍，树立自信心。

②鼓励学生换位思考。

③使学生体验团队成员之间的相互信任、相互负责。

项目操作：

①全体学生围成一圈，教师宣布项目名称和活动方式。

②教师介绍任务背景："我们的军舰遭到袭击，正在下沉，我军总部的救援直升机前来救援，但因风浪很大，直升机不能降落，只能放下软梯救援，甲板上的人必须用力跳跃抓住随风飘荡的软

梯才能生还,抓空会葬身大海。"

③教师讲解保护器械的正确使用方法,并向地面负责保护的学生讲解正确保护方法,强调安全事项。

④让学生做好热身活动,如蹲起、跳跃等。

⑤根据学生情况调整单杠的远近。

(三)高空速降

项目介绍:个人心理挑战,团队鼓励项目。

项目人数:八人一组。

项目时间:90分钟。

场地、器材:

①高为3~4层的训练架。

②直径大于10毫米、足够长的登山静力绳两根(一根备用);长40厘米的绳套四根。

③丝扣主锁四把,钢锁四把,"8"字环6~8个,主锁10~12个。

④半身式安全带六条,安全头盔六顶,手套12双,医用胶布若干。

项目目标:

①让学生体验自己认为做不到的事情。

②让学生感受团队成员激励的力量。

③培养学生克服恐惧、认识自我、增强自信。

项目操作:

①教师指导挑战学生正确认识、检查、使用安全保护器械。

②教师指导地面保护学生正确的保护方法。

③学生依次独立完成速降任务。

第七章　户外运动典型运动项目实践指导

户外运动内容丰富、种类多样，不同的户外运动项目具有不同的运动特点与技术要求，在不同的户外自然环境中开展，能给运动参与者带来丰富多彩和有趣难忘的运动体验。本章主要就户外运动中的典型运动项目的基本理论知识和具体实践技术内容及活动方法进行详细解析，涉及山地户外运动、水域户外运动、空中户外运动、冰雪户外运动，可为不同的户外运动爱好者全面认识户外运动项目体系和科学从事不同的户外运动项目提供有效的理论与实践指导。

第一节　山地户外运动

一、登山

（一）登山概述

登山的历史悠久，远古时期上山避洪；战争年代上山避敌和依山作战；商品经济时期翻山越岭经商；现代社会登山健身和旅游。登山一直是人类生产、生活的重要组成部分。

1786 年，科学家德·索修尔在山村医生帕卡德、采石工人巴尔玛特的陪同下，三人结伴登上勃朗峰，被看作现代登山运动的开端，因此 1786 年被称为"登山运动的诞生年"。此后，登山运动在全世界范围内广泛开展,越来越多的人通过登山进行健身、探险。

登山运动具有良好的健身健心价值,同时具有探险和科考价值,是当前非常普及和受欢迎的一项户外运动。

（二）山间行走

1. 上山

（1）登陡坡

登陡山坡,切忌直线登高,如果路线足够宽,可蛇行蜿蜒而上,山越高越陡,越应如此。如果山路太窄,应减速缓慢通过。

（2）登草坡和碎石坡

山坡坡度在 30°以下,可直线攀登,身体前倾,全脚掌着地,屈膝,两脚呈八字,迈步不要过大过快。

山坡坡度大于 30°,可"之"字形攀登行进,以减少直线攀登时的难度和滑坠的危险,具体按照"之"字形的路线左右斜越、盘旋而上攀登。

（3）山脉行走

尽量沿着山脉棱线行进,但是如果山势和路况比较复杂,或登山者有足够的登山经验,也可从溪谷攀登没有小径的岩壁,以达山顶。

需要特别指出的是,不同的山体山势环境复杂,山的棱线也有各种不同的形态,具体应该根据登山经验来确定登山方法,并且注意在登山过程中根据实际情况适当调整步行方法。

（4）攀登冰川和雪坡

攀登冰川和雪坡时,可结合具体情况直线攀登或水平攀登。

直线攀登:鞋尖部分沿水平线垂直方向用力踢入冰雪面,重心随脚的左、右倒换。踢入冰雪面时,用力踢,使鞋底的 1/2 没入冰雪层,注意上行步幅要小（图 7-1）。

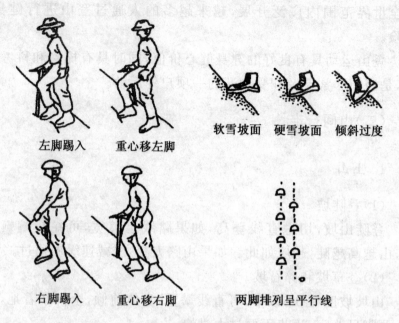

左脚踢入　　重心移左脚　　软雪坡面　硬雪坡面　倾斜过度

右脚踢入　　重心移右脚　　　两脚排列呈平行线

图 7-1

在雪坡上行走时,靠雪坡一侧的脚一定要紧贴坡面水平用力踢,使脚切入冰雪面,踩踏牢固。

由于冰川裂隙多,尤其是被积雪掩盖的隐裂隙非常危险,可危及生命,因此在攀登冰川和雪坡时一定要谨慎。此外,为了避免雪崩的发生,不要接近雪檐或在雪檐下行走。

2. 下山

(1)下坡度小于 30°的山坡

屈膝、放松膝关节,脚跟先着地,重心先放在两脚跟上,然后过渡到全脚掌,将整个身体的重量压在脚上,步子小而有弹性。

(2)下坡度大于 30°的山坡

采用"之"字形路线斜着下山。内侧脚用脚掌和脚外侧蹬地,外侧脚用脚跟和脚内侧蹬地;身体向内后方(指山坡方向)倾斜,注意保持身体平衡。

（三）穿林

1. 穿越藤蔓竹草交织的丛林

使用砍刀开路行进。对于横的挡道植物应"两刀三段，拿掉中间"，竖的挡道植物应"一刀两断，拨开就算"。

2. 穿越草深而密的茅草丛地

遵循口诀："不过头，两边分，从中走；不见天，吹个洞，往里钻。"若草不是很茂密，则可本着"高草分"（用手把草向两侧分开）、"中草压"（用脚压踏）或"低草迈"（迈进低草）的原则通过。

3. 穿林的注意事项

①明确方向，尤其是在穿越不熟悉的山林时，应带上指南针，最好请熟悉该地区的人做向导。
②携带简易的无线电通信设备，注意与外界的联系。
③集体登山，队伍不要拉得太长太散，以免前后失去联系。

（四）休息

1. 短暂休息

短暂休息时，不要轻易坐下，也不必解下身上的背包，只需手拄登山杖、弯曲上身，将上体重量移到登山杖上，使肩部和腰部得到暂时的放松。

如果根据实际情况确定要坐下休息，一定要在臀部下垫上防潮物品，避免地上潮气入侵身体。

2. 长时间休息

休息初期先做操热身，以放松僵直的身体，然后再进行其他项目。

休息过程中如果要进餐,应充分考虑长时间登山导致的机体消化功能减退,进餐可分几次完成,并且补充一定的糖分。进餐过程中,应妥善处理用餐垃圾,防止污染环境。

（五）迷失对策

①有经验的登山者,在复杂的山势环境中,为避免迷路,可堆砌石堆、绑布条或割开草记录登山路线。一旦真的迷路,就可找到标记返回,以便寻找正确的路线。

②发现迷路后,停止前进,仔细寻找周围明显的地物或地貌,确定自己的位置。若视野受阻,应到开阔地或高地辨别方向和位置。

③迷路时,不要轻易改变开始行进时所确定的前进方向。

④如果都不奏效,应尽快原路返回。

二、攀岩

（一）攀岩概述

攀岩是参与者不借助外力,依靠自己手脚力量和身体平衡来克服自身重力,攀登陡峭岩壁或人造岩墙的一项新型户外体育运动。

攀岩运动起源于18世纪末期的登山运动,一些登山家把惊险、刺激且具有非凡观赏性的攀登悬崖峭壁的技术、方法移到郊外的自然岩壁、室内外的人工攀岩壁上,攀岩运动由此而诞生。

我国近几年的攀岩运动发展快速,一些高校纷纷开设攀岩运动课程,越来越多的青少年参与到攀岩运动中来。

攀岩具有很强的惊险性、刺激性、技术性和趣味性,室内人工攀岩墙的出现使更多的人有机会参与到攀岩运动中来,但技术成熟和喜欢冒险的人更倾向于到户外自然岩壁上攀岩。

（二）攀岩的基本技术

1. 手部动作

参与攀岩运动，手部的技术动作非常重要，尤其是初学者，攀岩过程中身体的移动主要是依靠手部技术和力量来实现的。发展到现在，攀岩运动的手部技术动作有很多，根据实际情况，即使同一用力点也可采用不同手部技术动作用力。

攀岩运动的常用手部技术动作主要有如下几种。

（1）开握

岩壁小洞，可为手指第二关节提供支撑点，整个手部靠在岩面上，手张开，手指并拢，手指与支点充分接触。

（2）抓握

与开握抓法相似，但通常需要拇指协同发力，用整个手掌握支点，以增加抓握的稳定性。

（3）紧握

四指并拢，拇指搭在食指上，用拇指的力量锁住食指。由手指的第一关节受力（弯曲程度超过90°），扣紧支点。

（4）半紧握

与紧握相似，只是拇指并未压在四指上，第一指关节受力，指关节弯曲程度超过90°。

（5）曲握

手掌弯曲，四手指并拢，拇指压在食指上，用手掌的外部边缘曲握住支点。

（6）捏握

捏握时，大拇指捏的方向与手指的方向是相对的，大拇指压在支点的一边，其压的方向与四根手指拉的方向成90°。如果支点很小，用拇指和食指的第二关节外侧去捏握。

（7）侧握

侧握技术与捏握手法很相似，只是拇指基本不发力。侧握通常只用于维持身体的平衡或用于一些侧身动作中。

（8）侧扣

四指侧向拉住支点，大拇指压在支点的边上进行固定。拇指压的方向与四指的方向成90°。

（9）反扣

支点的可抓握方向朝下或与移动方向相反，靠手与手或手与脚之间的反作用来实现对身体的固定。

（10）手腕扣点

弯曲手腕进行曲握支撑放松前臂。手腕的这种弯曲是很好的休息姿势。

（11）拇指扣点

面对水平扣槽的支点时，可通过拇指扣住支点攀登，其余四指辅助发力。

（12）指甲扣点

可抓支点较薄时，用手指指尖部分垂直顶住支点，利用手指第一指关节的力量支撑，手指甲和手指尖部承受力量，这种方法手指会非常疼痛，同时非常危险。

（13）抓点

针对向外或向下的柱状支点，用抓点的方法固定，整个手掌充分与支点接触。

（14）手掌按点

针对较大的圆形支点，使用整个手掌的摩擦力按住支点，手掌和手腕弯曲成一定的角度，用整个手掌按住支点，增加接触面积。

（15）前臂钩点

针对非常大的支点，使用前臂钩点技术，用肘关节夹住支点，依靠大臂力量来控制身体。

（16）口袋点

针对手指能伸进去的支点，可以将四指或一两根手指的前端全部伸进去用力支撑。

（17）交叉手

一只手抓握一支点，另一只手去抓握线路中下一支点，双臂形成交叉。

（18）换手

左右手相互交换抓握支点，注意换手时保持稳定的身体状态，控制好重心。

2. 脚部动作

（1）正踩

通过鞋尖内侧边拇指处进行踩点，靠增加攀岩鞋与支点之间的压力来增大摩擦力，尽量抬高脚跟，重心移至脚尖，以支撑身体平衡。

（2）侧踩

用攀岩鞋的前脚掌外侧边四趾部位进行踩点，原理与正踩一样，通过增加脚部对支点的压力来增加摩擦力。

（3）鞋前点踩

使用攀岩鞋的正前方部位踩点，将前脚尖部塞进去，用鞋前点踩法。

（4）摩擦点

将鞋底的大部分压在岩面上，脚跟要向下倾，尽量增加攀岩鞋与支点的接触面积，以增加摩擦。

（5）脚后跟钩

在屋檐的翻出部位上，用脚的后跟部位钩住支点，钩的过程中，伸腿、屈胸，向上直到脚能钩到支点，腿部发力将身体钩向钩点的方向，以减少手部受力。

（6）叉脚

当一只脚踩踏支点时，另一只脚从身体内侧或外侧交叉穿过踩踏线路中下一支点。注意交叉脚后要移动重心，想好下一个动作的处理。

（7）顶膝

用脚部踩住支点的同时用膝盖顶住另一个支点，形成脚部和膝部的互压,通过这一动作达到平衡,以获得休息时间。

(8)膝盖钩点

膝盖钩点常用于翻出屋檐地形,当翻屋檐的手点和脚点很近时,可以用膝盖内侧钩住支点,以达到平衡。

(9)挂腿

一只手抓握一个比较大的支点,该手的对侧腿抬起,挂在手腕上,并且依靠手腕和手臂的力量将身体抬升,另一只脚做辅助的发力,以控制身体平衡。

3. 侧蹬技术

侧蹬可以有效地节省上肢力量,在仰角地段被大量使用。在使用侧蹬技术进行攀爬时,身体应侧向岩壁,以身体对侧手脚抓握和踩支点,另一条腿伸直调节身体平衡,靠单腿力量站起,抓握上方支点。

以左手抓握支点为例,身体朝左,右腿屈膝踩点,右脚尖踩支点且脚跟立起,重心放在右脚上,左脚维持平衡。右腿蹬起,腿部发力起身,左手辅助发力,右手上握支点,右脚应脚尖踩住支点,脚跟立起,右手抓握更远的支点。

4. 扭身锁定

身体扭转,侧对岩壁,一只手锁定身体,另外一只手去抓握下一支点。

5. 侧拉动作

双手侧向拉住支点,脚部与手部发力方向相反,向反方向蹬踩岩壁或支点,形成身体的互压状态,达到平衡。

6. 脚上手点

以右脚抬至右侧靠近腰部的支点为例(左手已抓握一个较高支点),先将腰部向左并向岩壁外侧做少许移动,为右脚腾出空间。右手扶住腰部支点,抬右脚放在右手支点上,靠左脚蹬起把重心压至右脚。左手辅助发力,右手不要离开支点,同时辅助发力,直到左脚抬起,重心完全移至右脚上。抬右手抓握下一支点。

7. 扭膝

两脚分别踩于两支点上,双脚均采用正踩方式,一条腿保持不动,另一条腿以所踩支点为轴顺时针或逆时针旋转,使所踩脚点由正踩变为侧踩,同时身体侧向岩壁,一只手锁定身体,另一只手向上抓握支点。

(三)攀岩的保护技术

1. 保护点的设置

攀岩运动的固定保护点分为天然和人工两种。使用天然固定点时一定要注意认真检测其牢固程度和承受力。人工固定点则是通过各种金属器械制成,如挂片、岩钉、岩塞等。

设置保护点所需要的装备主要有安全带(首先进行自我保护)、绳套(扁带)、铁锁、挂片、岩钉、膨胀锥、机械塞、岩塞等。

保护点的具体设置方法如下。

①一个固定保护点:在确保适用于固定点设置区域的绝对安全的前提下进行。例如,人工岩壁上设置好的横栏、自然岩壁上的大树。中间点(临时保护点)的设置,如人工岩壁用挂片、自然岩壁用膨胀锥加挂片。

②两个固定保护点:安装上方保护系统的标准模式,在一个保护点设置的基础上增加一个保险固定点,以防意外。

③多个固定保护点:适用于单个固定点不安全的情况。注意多个保护点的均匀受力,各保护点夹角要小于60°。

2. 上方保护

上方保护是保护支点在攀岩者上方的保护形式,与之对应的攀登方式为顶绳攀登。攀岩者上升过程中,保护者不断收绳,使攀登者胸前不留有余绳,不要拉得过紧。上方保护对攀岩者无特殊要求,且攀岩者发生坠落时受到的冲击力较小,较为安全。

上方保护的攀岩步骤和过程如下。

①攀岩者与保护者各自做好准备(穿戴好装备)。

②相互检查,注意"8"字环、安全带、铁锁等是否牢固。

③攀岩者向保护者发出"开始"信号。

④保护者向攀岩者发出"可以开始"信号。

⑤开始攀登、保护(保护严格按照五步操作法)。

⑥攀岩者登顶后发出"下降"信号。

⑦保护者发出"可以下降"的信号,开始放绳。

3. 下方保护

下方保护是将保护支点放于攀登者下方的一种保护方式,保护点可预先设置,也可在攀登过程中临时设置。下方保护是先锋攀登唯一可行的保护方法,实用性较强。

下方保护的操作程序与上方保护相同,保护过程中要注意以下几点。

①起步时,保护者要站在攀岩者下方,双手张开,以防脱落。

②密切关注攀岩者的行动,力求具有预见性。

③任何时间都有一只手紧握通过下降器的绳子(右手随时制动)。

④选择最佳的位置和站立姿势。

⑤双手协调配合,根据需要收、放。

⑥脱落时,不要立刻收紧绳子,要有缓冲。

⑦攀岩者有危险时及时提醒。

三、定向越野

(一)定向越野概述

现代定向运动起源于 19 世纪末的北欧瑞典。1886 年瑞典最早出现"定向"一词。1897年,挪威举办了世界上第一次公开定向运动比赛,定向运动首次走上国际体育舞台。

整个20世纪,定向运动发展迅速。1919年,斯德哥尔摩举行定向比赛,该次赛事标志着定向运动正式成为一项独立的体育运动项目。随后定向运动在世界范围内得到了广泛的推广和传播。

21世纪以来,定向运动不断拓展和创新,目前从以森林为主要举办场所的定向运动逐渐向城市、公园和校园等区域推广,成为大众健身和体育教学中一项重要的户外拓展项目。

(二)选择路线

定向越野运动通常以多小组竞赛形式开展,在定向越野运动中,运动者对路线的选择必须果断、细心、迅速,这就需要运动者必须具备良好的读图、地形辨别、选择路线能力。

定向越野在户外开展,涉及高地、低坡、围栏、公路、森林、山地或树林等不同地形,选择正确的路线可有效节省行进时间。

定向运动路线的科学选择原则如下。

①尽量沿线形地貌(公路、输电线、小径、湖边等)行进,在线形地貌上容易确定站立点。

②地面平坦有利于提速。

③走高不走低。如果不得不越野,应尽量在高处(如山脊、山背)行进,避免在低处(如山谷、凹地)行进。

(三)越野行进

1. 基本跑进

①姿势:前倾或正直,各部位动作协调配合,利用跑中产生的支撑反作用力与惯性不断前进,保持身体平稳,提高跑的效果。

②呼吸:用鼻子与嘴(用舌尖舔住上腭)共同呼吸。

③体力分配:通过运动阶段(肌肉的紧张)和休息阶段(肌肉的放松)适时交替,达到既快又节省体力的目的。

④速度:过快或在途中加速太猛会影响体力的正常发挥,可以根据实际地形确定跑速。

⑤节奏:最适宜的节奏是每分钟 79~90 次,即每步时值为0.25~0.67 秒。

⑥距离感:通过距离感合理分配体力。如果没有测量过自己的步长,可参考表 7-1 所示的数据。

表 7-1　百米距离步数分配

地形	距离	步数
平坦道路	100 米	50 步
草地	100 米	56 步
疏林	100 米	66 步
密林	100 米	83 步
上坡	100 米	100 步
下坡	100 米	85 步

2. 上坡跑

身体前倾,大腿适当高抬,并且用前脚掌着地,小步跑上去。遇到较陡的斜坡时,可改用走步或之字形跑法,必要时可用手辅助行进。

3. 下坡跑

上体稍后倾,以全脚掌或脚跟着地的方法进行。遇到较陡的下坡或坡面很滑的斜坡时,可用侧脚掌着地,甚至采用半蹲状,并且用手在体后牵拉树、草的撑地方式行进。到达下坡的末端(8~10 米)顺势疾跑至平地。

4. 下跳

稍高的地方(1.5 米以下)往下跳时,跨步跳;支撑腿须弯曲,另一条腿则向前下方伸出、跳下,两脚着地并且以深屈膝来缓和冲击的力量。落地时,两脚应稍微前后分开,以便继续向前奔跑。

5. 过障碍

遇到小的沟渠、壕坑、矮的灌木丛或倒伏树木时,要增加速度,大步跨跳而过;落地时,上体前倾,以便保护腰部和便于继续前跑。

通过较宽的(2.5～4 米)沟渠时,加速跑,大跨步跳过。注意落地时控制重心,防止后倒。

遇到较高障碍物(不超过 2 米),如矮围栏、土垣等时,可用助跑、蹲跳的方法和一手或双手支撑的方法翻越。

四、野外生存

(一)野外生存概述

野外生存是指在远离居民的复杂自然区域中,个人或小集体靠自身知识和技能保存生命和维持健康的基本手段和方法。最初是军队作战训练的内容,现在已经发展成为一项大众户外拓展活动。

野外生存的挑战性、冒险性和趣味性强,对个人身心发展、创造力提升和集体协作能力的增强均有重要的促进价值,是大众户外运动旅游体验和学校体育创新改革的重要内容。

(二)野外取水

水是维系生命活动的重要物质基础,缺水可危及生命,在野外科学找水和取水非常重要。

1. 野外水源

①地面水：江、河、湖、塘、小溪的水，注意水质鉴别和过滤。

②地下水：经过沙层土壤的过滤，水质一般较好，深层地下水（深水井、泉水）大都可直接饮用。

③雨水：雨水下降过程会受到大气中有害物的污染，加上收集困难，很少作为可用水源。

④植物：植物体内会存有大量的水分，不同植物的含水量不同。野外生存者要善于区分不同植物，并且对植物大致含水量的多少有一个粗略的了解，以便在野外生存过程中遇到缺水的情况，可以选择合适的植物来获取水分。饮用前要先品尝是否有异味，或判断是否有其他动物食用过，确定是否有毒。

⑤动物：在野外可以通过捕食鲜活的动物，嚼碎肉汁解渴。嚼食之前要先确认是否有毒。

2. 野外找水

①听：有流水声和溪流声，或水中和水边栖息的动物的叫声（如蛙声、水鸟声）则可以判断附近有大量的水资源。

②嗅：近水源的空气有潮湿味道，泥土和水草有腥味，可据此找到水源。

③看：地面潮湿、秋天早上有雾处；山谷有薄雾，水气重，阴湿地；植被（如水彬、梧桐、柳树、马兰花等）茂盛地；喜阴的动物（如蜗牛、蚂蚁、燕子等）活动地等，一般都有水源。

3. 水质鉴别

①眼观：有不正常的颜色的水质多是受到了污染，不能饮用。

②鼻嗅：含有有害物质的水体通常会散发出一种特殊的（不好闻的气味，如腐败、恶臭等）的气味。

③品尝：水质味甜说明含有机物；味咸说明含氯化钠；味苦可能含硫酸镁或硫酸钠；味涩是受到了铁的污染，味辣是受到了农药污染，不可饮用。

（三）野外取火

1. 取火的方法

①火柴：将火柴放在干燥的防水容器内携带，如果火柴潮湿，可将其与头发摩擦，通过静电来消除其中的水分。

②凸透镜：利用太阳能聚焦产生热量点燃易燃物的原理取得火源。

③击石取火：用坚硬的石头当作火石，用小刀或者小片的钢铁猛地敲击"火石"，使激烈碰撞后产生的火花落到易燃物上，获得火种。

④电池生火：电池内含有大量的游离的离子，通过铅笔芯连接电池的正负两极，可以使铅笔芯烧得通红，再与易燃物接触可产生明火。

⑤弓钻取火：将一段强韧的树枝或竹片的两端绑上鞋带、绳子或皮带做成一个弓，在弓上缠一根干燥的木棍，利用做的弓来回拉这个木棍，使其在硬木上迅速旋转产生火星引燃易燃物。

2. 取火的注意事项

①燃火地点必须隐蔽。

②燃火地点附近直径 2 米以内地面上应打扫干净，避免引发火灾。

③如果地面潮湿，可以搭建一个平台作为燃火点。

④如果有风，可挖坑生火。

⑤燃火地点应远离潮湿或者多孔渗水的岩石，以免使岩石遇热后急剧膨胀爆炸。

⑥燃火地点附近应随时准备一桶沙子或水，方便随时灭火。

（四）野外觅食

1. 野外可食用的植物

一般来说，野外无毒的植物都可以食用（表 7-2）。

表 7-2　野外可食用的植物

野外可食用的植物	茎、叶、花	普通夜樱草的根煮熟后可食用
		菩提树的幼叶、叶芽、花
		蛇麻草的幼茎、花
	根	大部分植物根或块根富含淀粉,食用时应彻底煮沸
		结结草经浸泡可以除去苦涩味,烧熟后可食用
		银草的根可以生食或烧熟后食用
		野豌豆的根烧熟后可食用
	果实	山楂类:果肉酸甜,可以生食。嫩茎顶端也可食用
		山梨树:果实可以食用
		野桑树:果实可以生食
		柿树:果实为浆果,可以生食
		毛栗:棕黄色壳果,可生食,煮熟后味道更佳
	真菌类	白蘑科:松口蘑、根白蚁伞、草菇、金针菇、白桩菇、口蘑等
		侧耳科:侧耳、白灵侧耳、长柄侧耳等
		牛肝菌科:粘盖牛肝菌(粘团子)、美味牛肝菌、褐环牛肝菌等
	海藻类	海带、紫菜、裙带菜等

2. 野外可食用的动物

蛹、蚯蚓、蚕、蜻蜓、知了、蜗牛、蚂蚁、蛆、鱼、河蟹、虾均可食用。此外,也可通过抓捕大型动物来充饥,可通过粪便和蹄印来判别食肉动物和食草动物。

(五)野炊和宿营

1. 炉灶搭建

(1)蛇形洞火炉

选择比较坚硬和稳固的地方,在与地面平行的位置挖一个通道,使火炉一经点燃就可以烧烤食物。注意烟的引导,在合适的地方(一般为火堆的上方)做一个合适的烟囱,可从坑洞上方插进一根木棍,转动木棍后拔出,烟囱即可成形,将烟囱口附近清理干净以防回烟,在坑洞内点火(图7-2)。

图 7-2

(2)壕沟火炉

在地面上挖一个壕沟(约30厘米×40厘米×90厘米),壕沟底部铺上石头形成良好的热传导,在岩石上生火,地表以上架上支架烧烤食物,岩石滚烫,可保温(图7-3)。

图 7-3

(3)育空火炉

挖一个环形洞,在一侧挖出一条约24厘米的坑道通向主洞穴,再在主洞穴的外侧垒上石块,建成一个圆柱筒架于坑道上。最后用泥土将石块间的缝隙塞住,荫蔽火苗,烟囱本身就是通风口(图7-4)。

图 7-4

（4）悬吊式火炉

将两根高低相近的双叉树枝斜插入地面，树叉间横放一根棍子，上面吊锅，下面直接生火（图 7-5）。

图 7-5

（5）堆灶

用大小略同的岩石块堆成"∩"形，构成一个小炉灶。灶门迎风，石块间留些空隙，以便通风（图 7-6）。

图 7-6

2. 帐篷搭建

(1)屋顶帐篷

将绳子拴在两棵树(或木桩)之间,用方块防雨布搭在绳子上,下边用石块压牢,再在帐篷内的地面上铺草(图 7-7)。

图 7-7

(2)圆锥形帐篷

将三根或更多的坚固圆杆一端绑在一起,形成圆锥顶点;将圆杆另一端斜插入地面并且固定;用防雨布等覆盖;在帐篷内的地面上铺上草(图 7-8)。

图 7-8

(3)多人房屋形帐篷

首先选择一块平整的地面,用大块塑料布铺地;用钉子固定四脚,用木棒等做支柱,结好主绳,然后结好四个角落及其他部位的绳子,用防雨布覆盖,帐篷内的地面上铺草(图 7-9)。

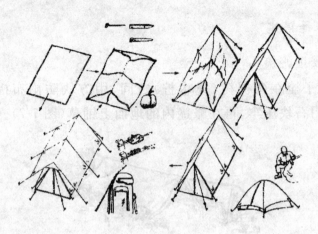

图 7-9

3. 床铺搭建

（1）管形床的搭建

用一块质地结实的帆布或其他材料的布，将两边缝（绑）在一起，形成管形床面。选用两根长度大体相当的平直木杆，将其一端扎在一起；再将木杆穿过帆布管形床面，然后放在框架上，各交叉点绑牢（图 7-10）。

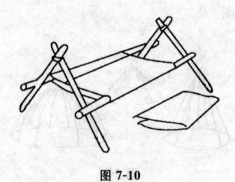

图 7-10

（2）梯形床的搭建

用管形床的做法制作支架，用两根树干做横档，用树干和树枝制成梯子状，绑结实，在梯子上铺上树叶或草（图 7-11）。

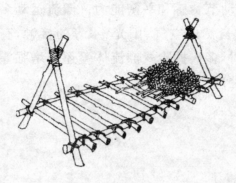

图 7-11

（3）吊床的制作

将帆布的吊床两端拴在两棵树上，上面再拉一根绳子，搭上一块方块雨布，固定四角。

第二节　水域户外运动

一、漂流

（一）漂流运动概述

漂流运动最早起源于爱斯基摩人的皮船和中国的竹木筏，但当时这项运动只是为了满足生活和生存需要。第二次世界大战之后，漂流才成为一项真正的户外运动。

目前，漂流运动主要分为自然漂流、探险漂流与操控漂流三种。人们通常所说的漂流运动，一般指的是狭义上的自然漂流和操控漂流。相对于自然漂流而言，操控漂流中，漂流者只是漂流艇上的乘客，这种运动参与方式对漂流者的技术要求不高，较为安全，但漂流过程中的惊险刺激并不会因此而减少，是非常受欢迎的户外体育旅游运动项目。

漂流运动有助于促进新陈代谢，改善人体机能，发展各种身体素质,改善运动节奏感和平衡能力。漂流运动多在自然水域中进行,通过与大自然的空气、阳光、水等的接触,有利于提高机体的适应力。同时,多人探险式漂流体验还可增强漂流者的团结协作精神和应急处理能力。

(二)读河

1. 激流

在漂流运动中,激流是常见的河流现象,激流的形成受以下几个因素影响。

①平整度:受石块、边缘形状以及砾石形状影响的河床表现。

②斜度:河床顺流而下的斜度。

③构造:河床的宽窄度。

④体积:顺流而下的水量(立方米/秒)。

漂流运动中的常见激流种类和形态有以下几种。

①通道:河水以不同的流量沿多条通道通行。与河岸非平行,流动中经常分开。

②舌状潮水:开头水流平稳而快速,形状呈倒"V"字。

③排浪:形如干草堆,快速流动的潮水突然变缓形成一系列大的持续波浪。

2. 河道弯曲

在较急的河道拐弯处,潮水被离心力牵引,在外环线堆积,内环线流速慢且浅,最深的通道和最快的流速在外环线。

3. 间断

连续的波浪突然间断,可大力撞击漂流艇。

4. 逆流

河水在某一区段摆脱主流,逆向猛烈流动,并且伴有孔洞、阻塞、水力(阻力)、拖滞、卷曲、激流尾部和滚浪等情况。

5. 直立浪

流速快的水流遇到流速慢的水流,水流量无法及时排走,就会浪浪相叠摞起来,形成直立浪。直立浪多为冲天大浪,但有规律,可让船头对准浪尖骑过去或从陡峭汹涌的直立浪边缘通过。

6. 倒卷浪

倒卷浪多出现于隐秘在水下的礁石的下游位置。如果潜藏于水下的礁石体积较大,相应地在其下游也会出现较大的倒卷浪,常被称作"洞",可将漂流船吸入并打翻。

(三)操桨

1. 前进与后退

正对前进方向或背对前进方向,向前侧身,手臂打直,桨入水,全力把桨往回拉或向前推,用力方向与桨对水的作用力相反,水的反作用力与推动艇筏前进的方向一致。各桨用力分配均匀。

2. 改变方向

①单桨转动。一支桨划动时,另外一支桨在水面上,让船后退从而转变方向。

②双桨转动。一支桨推动时,同时拉动另外一支桨,双手反向运动。

3. 避开障碍

①确定水的流向,不一定始终使船与河岸保持平行。

②让船左右转动与水流成一定角度。

③平滑拉动,持续操桨。

4. 激流摆渡

①改变船的位置和方向：把船转到预想角度上，改变位置，让船与流水保持一定角度，向后划桨。

②侧面滑过障碍：用旋转船的方法使船从侧边滑过障碍。

(四)险情应对

1. 游过激流

①平静面对。避开岩石，抓紧扶手带，后排漂流者身体稍后倾，用桨把握方向。

②屏住呼吸。漂流船冲入大浪前先深呼吸，屏息冲入波浪，漂流船出水后调整呼吸。

③远离船边。漂流船冲过激流时，不要靠船边太近，以免导致漂流船重心不稳落入河中或被河中岩石划伤。

④举桨求救。一把竖直举起的桨是漂流求救的信号。

⑤注意保暖。衣服和身体被水打湿后应加强保暖，避免出现体温过低现象。

2. 陷入漩涡

①漩涡下层及漩涡的旁侧有与主流方向一致的水流，用桨或橹划动顺流的水以从漩涡中脱身冲出。

②如果条件允许，可先弃船上岸，在岸上用绳子把船拖出漩涡。

3. 与岩石碰撞

①注意提前观察，掉转船头绕开岩石。

②无法及时避开时，可选择让船头撞上岩石，船体受阻会降低速度或停下。

③如果船侧有岩石，船上人员集中于一侧，改变漂流船的重心，使其旋转绕开岩石。但避免重心过度偏离而翻船。

4. 搁浅

石头密集处,用桨抵住石块,用力使船身离开搁浅处。或派人下水,从旁侧或拉或推让船身重入水流。

5. 倾覆

①保持镇定,避免撞击到障碍物,尽量浮在水面上或上岸避开急流水域。

②用一根粗绳绕成"D"形环,穿过水道或船后面的船架,用一个拉力系统帮助提升,将船拉开危险水域。

③有人落水后,保持镇静,艇上的同伴伸出桨让落水者攀抓;若落水者离船较远,则停留在石头背水面等待救援。

④施救时,注意检查是否有人被绳索或衣物缠在船下。

6. 靠岸

①在无人的急流区系上救生绳以帮助船驶过。避免在急流与瀑布附近操作。

②漂流者不可将绳索套在自己身上,在绳上打结或将绳绕在树上操控船。

二、潜水

(一)潜水概述

潜水原是为进行水下勘查、打捞、修理和水下工程等作业而进入水面以下所进行的活动,后逐渐发展成为一项在水下健身、观赏、休闲、娱乐的体育运动项目。

现在的潜水运动来源于头盔式潜水。160年前,英国的郭蒙贝西发明的从水上帮助运送空气的机械潜水就是头盔式潜水。之后,随着潜水装备的不断发展,越来越多的大众(甚至是不会游泳者)有机会在专业人士指导下佩戴专业潜水设备体验和参与潜水运动。

进行潜水运动能为潜水爱好者带来一个新的世界和全新的体验,使潜水者投入大自然的怀抱,在水环境中享受无重力拘束自由解放的感受,探索水下的世界,同时提高并改善人体的心肺功能,使身心受益。潜水运动是当前人们十分崇尚的一种户外休闲体育运动,深受年轻人喜爱。

（二）入水

潜水的入水姿势有四种,具体如下。

①正面直立跳水:双脚前后开立,一只手按住面罩,另一只手按住空气筒背带。适合水深在 1.5 米以上的水域。

②正面坐姿入水:双手撑住一侧平台,稍用力支撑身体,然后旋转身体进入水中。适用于初学者。

③侧身入水:在橡皮艇上浮卧滚身入水。

④背向坐姿入水:面向里坐于船帮上,一只手按住咬嘴及面镜,另一只手抓住气瓶或按住后脑处的面镜带,向后仰面入水。

（三）潜降

目前,BC(浮力调解器)法是潜水者潜降时的常用方法,此方法根据是否配合使用浮力调节器可细分为以下两种方法。

①使用浮力调节器并配合配重带,头上脚下地进行潜降。

②不用浮力调解器时头下脚上。

（四）上升

一般来说,合理的上升速度控制在每分钟 18 米以内,不要超过自己呼出的气泡的上升速度;上升过程中应始终保持呼吸不要停止;上升过程中时刻注意背后,身体缓缓自转。

（五）潜水手语

参与潜水时,为了确保水下安全,同时为了方便同伴间的水下交流,潜水者应掌握基本的潜水手语(图 7-12)。

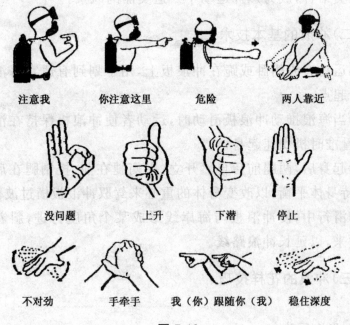

注意我　　　　你注意这里　　　　危险　　　　两人靠近

没问题　　　　上升　　　　下潜　　　　停止

不对劲　　　　手牵手　　　　我(你)跟随你(我)　　　稳住深度

图 7-12

三、冲浪

(一)冲浪概述

冲浪运动是一项新兴的时尚户外体育运动,对运动者具有较高的技术要求。冲浪运动以海浪为动力,多在有风浪的海滨开展。冲浪时,海浪的高度应在 1 米左右,最少不低于 30 厘米。

目前,冲浪运动主要包括两种,即长板冲浪和短板冲浪。冲浪时,运动员先俯卧或跪在冲浪板上,当海浪推动冲浪板滑动时,运动员趁机起身,随波逐浪,快速滑行。

冲浪运动中,运动者脚踏冲浪板,穿梭于惊涛骇浪之间,即使熟悉水性,具有高超的冲浪技巧,也难免会发生危险。因此,冲浪运动是一项惊险且具有一定挑战性的水上运动。但也正是冲浪所带来的刺激体验,使得越来越多的敢于冒险的青年人投入到冲浪运动中。冲浪运动更是通过与大海、蓝天、白云、沙滩等自然因素的完美结合,成为户外运动中一道美丽的风景。

(二)冲浪的基本技术

①运动者先俯卧或跪在冲浪板上,用手划到有适宜海浪的地方作为起点。

②当海浪推动冲浪板滑动时,运动者使冲浪板保持在浪峰的前面,看准时机快速起身。

③起身后,两腿前后自然开立(平衡腿在前,控制腿在后),屈膝,保持身体平衡,以改变身体的重心来驾驭冲浪板横过波面。

④滑行中,使冲浪板与海岸线形成某个角度行进,斜着向岸边冲过来,以延长冲浪路线。

(三)冲浪的花样技巧

1. 竞速玩法

竞速冲浪运动中,冲浪板直线前行,大都在极强的风浪下进行,目前世界上的直线疾速记录为 94 千米/小时,平均速度约 40~50 千米/小时。

2. 曲道玩法

曲道是采用绕浮标的方式来进行比赛,除了速度之外,稳定性、过弯与角度都是曲道最吸引冲浪者的地方。

曲道的水域多是浪况较小的环境,即使冲浪者不慎落水,一般也不会使自身和装备受到损伤。

3. 浪区玩法

浪区玩法难度较高,从基本的过浪、浪前转向,一直到下浪、上浪、飞跃、空翻、浪上 360°空翻等,每一个动作都需要较高的技巧,要求冲浪者必须有较好的冲浪技术。

此外,浪区玩法的冲浪者还应对海流、潮汐、地形及浪况有所认识和研究。

4. 花式玩法

花式玩法一般是指在碎浪区或平水区做较大的动作,如跳跃、空翻、花式转帆和空中转向等。花式玩法的难度和危险性很高,即使是有良好冲浪基础的冲浪者,初次尝试,也应有专业教练进行指导。

第三节　空中户外运动

一、热气球

(一)热气球概述

热气球(Hot Air Balloon)是一个比空气轻的气球和吊篮组装的飞行器。热气球是利用空气受热膨胀的物理原理,使气球升空,从而实现人们在空中自由飞翔的运动。

和其他飞行器相比,热气球具有较高的安全性。据国际航联统计,热气球在所有飞行器中的安全系数最高,热气球可用于航空体育、摄影、旅游等,兼有休闲、娱乐、探险功能,是一项非常受欢迎的户外运动项目。

(二)起飞

热气球的起飞工作需要多人(四人或以上)合作完成,具体操作步骤如下。

①在地上把球囊铺展开。

②将球囊与放在一边的吊篮连接在一起,用一个小的鼓风机

将风吹入球囊。

③将火点燃加热在气球球囊内的空气,热空气使气球升到垂直于吊篮的位置,使气球立起来。

④解开地面固定绳索,使热气球起飞升空。

(三)飞行

1. 空中驾驶

在空中,风的方向和速度对热气球飞行的影响程度较大,由于风在不同的高度有不同的方向和速度,因此驾驶员可以根据飞行需要的方向选择适当的高度。

2. 飞行速度控制

热气球本身并没有动力系统,热气球的飞速是由风速的快慢决定的,飞行速度完全取决于风速。热气球最大下降速度为6米/秒,最大上升速度为5米/秒。

3. 飞行时间控制

热气球的飞行考虑两个时间:一是起飞时间;二是空中飞行时间。

①起飞时间:热气球的起飞应选择在太阳刚刚升起时或太阳下山前1~2小时,风很平静,气流也很稳定,便于热气球飞行。

②空中飞行时间:如果携带足够的石油液化气或丙烷,一只热气球通常能持续飞行2小时,但热气球飞行的持续时间也受其他因素的影响,如气温、风速、吊篮重量(包括乘客)和起飞的具体时间等。

(四)降落着陆

热气球着陆需要地勤人员的帮助,地勤人员驾驶卡车或小货车跟随飘飞的气球,预先到达降落点,指挥热气球上的人员平稳着陆。

二、滑翔伞

(一)滑翔伞概述

滑翔伞(Paraglider)是利用空气升力起飞翱翔的一项航空运动。滑翔伞在滑翔过程中,充分利用地球引力为动力,在下降(低于1.5米/秒)的同时会获得高于60千米/小时的向前飞行的速度。

滑翔伞起源于20世纪70年代初的欧洲,于20世纪80年代末传入我国后,受到许多崇尚自然者和年轻人的喜爱,是许多户外运动爱好者都非常向往的一项户外体育运动。

(二)整理伞衣

1. 张伞

①检查吊绳是否乱绳打结或脱落,铺伞时风口朝上铺成扇形,吊绳应在伞衣的上方,操纵绳拉至伞衣外侧,伞衣后缘全部露出。

②将左右操纵带分开放,伞衣中心线与起跑路线保持一致。

③将操纵绳放最外面,后组绳放在中间,前组绳放最里面。

④将操纵带挂至套带的挂钩上,再次捋顺伞绳、操纵带。

2. 收伞

①将两手的操纵环扣回原位。

②整理操纵带(两组),左手握住小连接环处,右手将所有吊绳握在手中,手臂尽量伸至最长,先绕成圆形交至左手,再继续将吊绳收于左手中。

③右手握住吊绳与伞衣连接处背至肩上。边收吊绳边向前走,不可在原地用力拉吊绳,以免伞衣被尖锐物刮破。

3. 折伞

①检查伞衣两侧吊绳有无乱绳,将左右吊绳分别打结并置于伞衣上。

②将一边伞衣由稳定翼处折至中心后换另一边,两边在中心相叠,将伞衣内部空气由后缘向风口处压出,再由后缘风向口方向折叠。

③折伞顺序:先收伞衣,再收套带,最后收安全帽,收伞衣入包。

(三)起飞

①选择起飞地点:起飞斜坡应正面迎风,坡度在 25°～30°之间。

②确定张伞时机:在预定起飞地点上方约 10～20 米处开伞。

③起飞时的风速条件判断:无风时,跑速达 3 米/秒时可安全起飞。初学者的理想正面风速约为 12 米/秒。

(四)飞行

1. 滑行

①快速跑进,使伞衣在头顶正上方张开,让空气由风口灌入后翼型适度形成。在跑的过程中,伞衣应始终在头顶的正上方位置。跑的过程中,如果伞倾斜而不在头顶正上方,慢慢拉下与倾斜相反方向的操纵绳调整,人同时向中央下方跑。

②伞衣保持在头顶上方时,加速向山下跑。当伞衣升力增加时,身体会有向上拉起的感觉,继续加速跑。

③升力感觉相当强时,跑动中双手同时将操纵绳拉下至肩膀位置,使伞衣和飞行员向空中飞去。离地后,双手下拉操纵绳至相同位置,使飞行伞自然直线向前飞行。

2. 转弯

①左转弯:左操纵绳拉得比右操纵绳多。

②右转弯:右操纵绳拉得比左操纵绳多。

③转弯时,操纵绳不可超过 1/4 耳朵位置,以免倾覆。

④停止转弯:将拉下的操纵绳归位或将两操纵绳置于同一位置。

3. 刹车

①双手伸直,操纵绳没有向下拉动的为全滑行。

②双手下拉至双耳位置为1/4刹车。

③双手拉至双肩为1/2刹车。

④双手拉至腰部为3/4刹车。

⑤拉动操纵绳至双手伸直(大约在臀部位置)为全刹车。

(五)降落着陆

①确认降落地点:在空中确认降落地点、操纵绳双手拉下相当1/4位置,并保持此姿势行进。

②加速着陆:滑翔伞在空中进入最后降落滑行阶段时,稍许加速。

③及时刹车:刹车过早,伞衣高度较高会因停顿而失速,会伤及飞行员尾椎或腰椎、坐骨神经、骨盆;刹车过晚,下降速度较快,会伤及脚。当高度降至5米以下时将操纵绳拉下,双脚即将接触地面,高度大约1米时将操纵绳拉下至全刹车位置。

④正确的着陆姿势:双脚伸直,手脚协调配合。

第四节　冰雪户外运动

一、滑冰

(一)速度滑冰

速度滑冰的历史悠久,是所有冰上运动的雏形。我国的《宋史》记载:皇帝"幸后苑,观冰嬉"。"冰嬉"即滑冰运动。现代速度滑冰运动是在 13 世纪的荷兰逐渐发展起来的,目前是奥运会的常规比赛项目。

速度滑冰的基本技术如下。

1. 起跑技术

(1)起跑姿势

①正面点冰式起跑

前脚冰刀与起跑线约成 45°角,刀尖切入冰面,刀跟抬起;两脚冰刀开角 90°～120°,后刀刃咬住冰面;上体直立,两臂下垂;屈膝、屈髋,重心移至前脚冰刀;肩在前膝上;头部与身体成直线;后臂微屈肘并后举与肩齐平,前臂屈肘约成 90°角,两手半握。

②"丁"字式起跑:与点冰式起跑基本相同,区别在于"丁"字式起跑时两冰刀是以平刃在冰上支撑站立,重心位于两冰刀中间。

(2)起动技术

起动是起跑的第一步,是指浮腿向前摆动迅速跨出着冰、后腿快速用力蹬离冰面的技术。滑冰起动时,迅速向前上摆动浮腿,身体重心前移,呈前冲姿势,两腿用力蹬冰,浮脚冰刀无须做外转动作。

2. 直道滑跑技术

①滑跑姿势:上体前倾,与冰面形成 10°～25°角,团身,两肩下垂,抬头;大腿深屈,重心线从后背下部穿过大腿,经过膝盖后与脚的中后部相接(图 7-13)。

②自由滑行:支撑腿冰刀由外刃过渡到平刃支撑;鼻、膝、刀成三点一线的滑行姿势;重心放在冰刀中后部上方;两肩平稳,上体前倾(图 7-14)。

③收腿:利用蹬冰结束的反弹力及内收肌群收缩,抬冰刀,收腿还原。

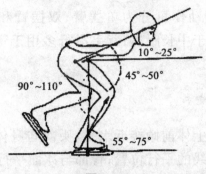

图 7-13

图 7-14

④单支撑蹬冰：以内刃切入冰面，刀尖指向滑行方向，形成牢固的支点并随身体重心横向移动，将全身力量集中地作用到冰面上，向侧推蹬产生推进力。浮腿加速向前侧摆动，重心移动和蹬冰腿做加速展腿的协调配合。

⑤摆腿：浮腿从后位的矢状面摆向身体重心移动方向；膝盖领先，以大腿带动小腿摆向身体重心移动的方向（前侧方）；大腿前摆置于胸下，使膝部由下垂状态向前上抬起贴近支撑腿膝部；摆腿动作快结束时，两腿、两刀尽量靠近，浮脚冰刀放于支撑脚刀前面，用刀后部着冰。

⑥双支撑蹬冰技术：自浮腿冰刀着冰后，随重心移动缩小蹬冰角，刀尖指向滑行方向；利用蹬冰腿肌肉发力延长蹬冰距离，蹬冰结束时蹬冰力量最大，蹬冰腿充分展直。

⑦着冰：以冰刀的外刃（或平刃）和冰刀的后半部着冰，着冰动作与双支撑蹬冰动作同步协调完成。

⑧摆臂：摆臂动作可分为单摆臂、双摆臂和背手滑行（不摆臂）。单摆臂多用于中长距离；背手滑行多用于弯道后的直道中，以延长滑步，放松。

3. 弯道滑跑技术

①滑跑姿势：上体前倾接近水平，头部与身体成直线，两肩平稳，处于半径延长线的平行位置；臀部与冰面平行。

②单支撑左腿蹬冰、右腿摆腿：两肩、臀部与冰面平行；大腿和膝部位于胸下，并以左刀外刃牢固咬住冰面；展腿时，先展髋，压膝，当浮腿摆经蹬冰腿时，蹬冰腿膝关节加速伸展；沿弯道半径延长线向外侧蹬冰。右腿以膝盖领先摆收右腿，在重力和屈髋、膝肌群内收的作用下，使腿部由外展动作变为内收和前跨动作；右腿向左腿右前方朝着支撑腿加速摆动；右腿交叉经过左腿时，右刀跟贴近左刀尖做交叉跨越。

③单支撑右腿蹬冰、左腿摆腿动作与单支撑左腿蹬冰、右腿摆腿动作基本相同，方向相反。

④双支撑左腿蹬冰、右脚着冰：将蹬冰刀控制在臀下，用刀刃中部做快速向侧推蹬，蹬冰结束时，重心移向冰刀的前半部；右脚着冰点应在支撑脚冰刀左前方，刀尖抬起朝着切线方向，以刀跟内刃先着冰。

⑤双支撑右腿蹬冰、左脚着冰：展腿达到最快速度，右腿快速展直完成蹬冰动作；两肩、臀部与冰面平行移动，随蹬冰腿加速伸展，使蹬冰角达到最小角度，蹬冰结束时，充分展直蹬冰腿；左脚着冰时，左腿前送，展膝屈踝，刀尖抬起，以外刃、冰刀的后部着冰。

4. 冲刺

保持正确滑跑动作和速度，双摆臂加快蹬冰节奏，全力滑完全程。

（二）花样滑冰

花样滑冰包括单人花样滑冰、双人花样滑冰和冰上舞蹈，这里重点介绍单人花样滑冰技术。

1. 滑行技术

单脚向前滑行动作的准备姿势与双脚滑行相同,在蹬冰结束后保持重心不变和单脚向前滑行姿势,蹬冰脚放在滑脚后,换脚时,浮脚接近滑脚,两臂自然伸展。

前内刃弧线滑行时,以右脚滑前内弧线、左脚内刃蹬冰为例,右脚用内刃向前滑出,重心向左倾斜,转体,右臂在前、左臂在后,面向滑行方向,右膝微曲,左脚蹬冰后沿滑线靠近滑脚前移,至伸直,滑脚逐渐直膝,换脚时右脚用内刃蹬冰,左脚内刃滑出。

后外刃弧线滑行时,肩臂平放,右脚后内刃蹬冰,右臂用力后摆,左臂在前。右脚蹬冰后放在滑脚前,左脚做后外刃弧线滑行,滑行到弧线一半时头向圆内,上体外转,浮脚靠近滑脚移向滑线前,再做右后外弧线滑行。

急停时,可用一脚外刃横向刮冰急停。

2. 旋转技术

以双脚直立交叉逆时针旋转(向左旋转)为例,起转后,左脚经右脚前方,顺旋转方向滑至右脚前外侧,用右后外刃和左前内刃成对称的双脚交叉旋转。

3. 跳跃技术

花样滑冰的跳跃通常与旋转结合,周数越多,难度也越高。跳起后,收回四肢(加速转)、展四肢(减速转)、落冰时应注意屈滑腿维持平衡。

二、滑雪

(一)越野滑雪

越野滑雪起源于北欧,又称北欧滑雪,是非常古老的户外体育运动。越野滑雪在自然山体环境中滑进,穿梭于山丘雪原,给人以畅快淋漓的运动体验。1924 年,越野滑雪首次被列入冬季奥运会比赛项目。

1. 蹬冰式滑行

①一步一撑滑行:双杖推撑,右脚蹬动,重心移至左板;左脚前滑,右脚蹬向左板靠拢;左脚再蹬动,撑杖。

②两步一撑滑行:右板向前滑进,内刃蹬动,重心移到左侧板前滑,两侧杖推撑,左杖推撑力更大些;左右反复进行。

2. 单蹬式滑行

滑雪者右腿雪板内刃向侧面用力蹬动,两杖后撑;蹬动结束后,重心移向左侧板,双杖前摆;左板向前滑一段距离后,重心右倾,右板着地,再次蹬动,两杖前摆插地;右脚再次蹬动,两杖插入板尖两侧,反复进行。

3. 转弯滑行

身体向弯道圆心侧倾倒;内侧板沿弯道切线方向滑进,外侧板按弯道的法线方向向外侧快速蹬动,两侧板配合变换方向。

4. 登坡滑行

①两步一撑蹬冰式滑行:滑行板侧用力较大;插杖不对称;坡度较大时仅用于过渡,之后转入其他滑雪技术和姿势。

②交替蹬撑滑行登坡:与两步一撑蹬冰式滑行基本相同,只是两脚的蹬动与滑行方向不同。

5. 滑降

由于越野滑雪板的雪鞋后跟部不固定在板上,速度快时不易控制,容易失去平衡。因此,在滑降过程中要注意先控制速度。

（二）高山滑雪

高山滑雪运动融速度与技巧于一体,运动者在雪上左右盘旋,充分展现出运动美,粗犷中不失儒雅,是一项备受关注的户外冰雪运动项目。

1. 滑降技术

①直滑降:双板平行分开,重心居中,两脚用力;上体前倾,髋、膝、踝关节稍屈;两臂自然垂放,松肩屈肘,目视前方。

②犁式滑降:双腿屈膝内扣,重心在两板中间,两脚跟外展,推开板尾,雪板呈"八"字形;上体前倾,两手握杖自然置于体侧,杖尖朝后方撑地滑行,目视前方。

2. 转弯技术

①犁式转弯:在犁式滑降基础上将体重向一侧板移动,保持雪板外形不变,自然转弯。

②双板平行转弯:保持一定的速度进入转弯,体重向转弯内侧移,一板内刃、一板外刃蹬雪,滑入垂直落下线;继续屈膝、屈踝,体重移动结束后点杖开始,外、内板的体重比例为 7∶3;利用蹬踏的反作用力向内倾倒,斜向上提体重;再次滑入向垂直落下线的方向,体重在转弯的内侧,轮胎(雪板)牢牢地抓住地面。

③跳跃转弯:借助雪包或自身力量跳起,空中改变雪板方向或变刃后着地,着地时注意屈膝缓冲。

第八章 民族特色户外运动
项目实践指导

　　民族传统体育是我国体育文化的重要组成部分。也是世界体育文化的重要组成部分。我国民族传统体育历史悠久、内容丰富、种类繁多、形式多样,是一个非常庞大的体育系统,其中不乏许多具有独特运动魅力的户外运动项目,这些户外民族传统特色体育运动在我国体育史和人类文明史中为促进人民群众的生产、生活、健身养生、保健祛病等方面发挥了重要的作用,即使是发展到今天,这些具有中国民族特色的户外运动项目仍然是人民群众生活的重要组成部分,为丰富人民群众的精神文化生活、促进国民体质健康发展发挥着重要作用。本章主要针对我国几个典型的民族特色户外体育运动项目进行详细阐释,以此为民族体育运动爱好者的户外健身休闲提供理论与实践指导。

第一节　秋千、风筝

一、秋千

(一)秋千概述

　　荡秋千运动历史悠久,是我国百姓喜闻乐见的一项民族民俗体育活动。《开元天宅遗事·半仙之戏》中记载:寒食清明,唐代宫女都打秋千取乐,唐玄宗呼之为"半仙之戏"。

　　秋千运动起源于春秋时期,荡秋千运动在我国不同社会阶层、不同民族间、不同朝代都有广泛的参与人群基础。秋千运动是非常重要的健身娱乐活动,也是女性参与人数比男性参与人数多的民族传统体育运动,并在民间具有广泛的群众基础,男女老少均可参与。

我国古代,封建社会登记制度森严,不同社会阶层参与的民族民俗体育活动内容和形式不同,但是荡秋千运动是我国古代一项从宫廷到民间都十分流行的民族民俗传统体育项目,是宫中女子的重要娱乐活动。据相关史料记载,唐朝时期,荡秋千运动在女子间发展迅速,是一项重要的女子体育运动,据刘禹锡《同乐天和微之春深二十首》中描写:"妆不频,临镜身轻不占车。秋千争次第,牵拽彩绳斜。"(《全唐诗》卷 357,第 4 027 页)。宋代,出现了水上秋千,是百戏之一,"一人上蹴秋千,将平架、筋斗掷身入水"(《东京梦华录·梦梁录》)。明清时期,秋千在宫中十分盛行,在百姓间普及度高。荡秋千运动一直在民间广泛流传。

中华人民共和国成立后,百废待兴,在恢复体育事业的发展过程中,荡秋千逐渐发展成为一种群众性的娱乐体育活动,并被列为全国民族传统体育运动会正式比赛项目。

从全国范围来看,荡秋千运动在我国社会普通大众中的流传程度并不高,荡秋千只在青少年儿童中流行,而且随着城镇化的发展,我国城市的荡秋千运动几乎没有,而农村地区也只有在春节时期小范围地开展荡秋千活动,参与者主要是青少年儿童。

从民族体育的发展来看,荡秋千运动发展到现在,种类众多,形式多样,各民族都有自己独特的表演形式和比赛方法。例如,朝鲜族的荡秋千活动是传统的游艺项目之一;台湾高山族每逢喜庆都要举行"秋千赛";纳西族在春节期间会开展荡秋千活动;白族每逢春天都要进行为期一周的"秋千会",全族人民都来观看。在少数民族地区,荡秋千作为各民族的一项重要的传统民俗体育运动项目,目前也仅在节假日开展。受多种因素的影响,我国荡秋千运动在社会主义发展新时期,遇到发展瓶颈。

新时期,要促进秋千运动的发展,需要从多方面入手,做好以下工作。首先,秋千健身方面,必须增设秋千健身路径,为人民群众参与秋千健身运动提供必要的场地、运动设施;加大宣传力度,使广大人民群众在日常活动中广泛开展荡秋千活动,尤其要重视荡秋千活动在我国少年儿童群体中的推广,使少年儿童在游戏中不断提高身体素质和体质水平。其次,秋千竞技发展方面,进一步完善秋千运动竞赛的项目、规则的制定以及场地设施、运动器材;在荡秋千运动开展广泛,具有浓郁的文化基础的地区,可借助民族节日盛会开发秋千运动赛事,以民族节庆文化发展秋千赛事,以秋千赛事推广秋千健身。

(二)荡秋千的技术

1. 单人高度技术

(1)出发

准备:双手紧握秋千绳,将秋千绳向后拖至极限处,一只脚用力踏上秋千踏板,双臂扣紧,背弓,目平视。

预备:支撑脚提脚跟,脚掌支撑,踏板脚向后钩板,提重心。

起荡:重心移向踏板脚,支撑脚迅速蹬离起荡台,踏上踏板。

(2)预摆

下蹲,翘臀,压肩,全身力量集中在前脚掌和踏板上,待秋千下落时,两腿积极快速有力前蹬,大腿积极下压。两腿充分蹬伸,双手用力拉绳,直膝、挺胯,向前送膝,上体前挺贴绳。重心上移,脚跟上提,挺胸、抬头,直立,展踝、膝、胯。

秋千到达最高点时,由挺胯转向后翘。迅速后蹲,压胯,双臂伸展下压,全身力量集中在前脚掌压在秋千踏板上,顺势回落。

如此反复摆荡。

2. 单人触铃技术

(1)预摆

基本同单人高度荡法技术动作,只是发力点在距秋千柱

20°～25°处。

（2）触铃

最后一次预摆时，加快蹬、伸、挺速度，挺胯，提重心，两臂回收拉绳，上体前贴，屈肘贴绳，不分绳，踝、膝、胯迅速上展，提重心，身体突然前腾，伸手触铃。

3. 双人高度技术

（1）准备

两人面对面站在起荡台上，双手抓绳，触铃人双手向前抓紧秋千绳，送秋人踏上踏板，提脚跟，支撑腿后移，将秋千绳拉至极限，成单人姿势，脚后钩板，待送秋人站好后，触铃人靠近送秋人站立，双手抓绳支撑，稳定踏板，将一只脚踏上秋千踏板，展胯，提后跟，重心前移，抓绳。

（2）预备

两人重心上提，送秋人含胸收腹，触铃人挺胸收腹。

（3）起荡

两人同时降重心，支撑脚迅速向下蹬离起荡台，踏上秋千踏板。送秋人将臀部后翘、塌腰，两人同时下压胯。待秋千回落时，两人迅速蹬压踏板发力，送秋人蹬板拉绳，快速送胯、顶膝、挺身，重心上提；触铃人双脚钩板，双手回拉绳，向后上挺胯，顶膝、蹬板、挺身。两人同时收腹、挺胸、抬头，使秋千荡高。

4. 双人触铃技术

（1）预摆

同双人高度荡法技术动作基本一样，只是减少预摆次数。

（2）触铃

预摆结束时，加快蹬、伸、挺速度。送秋人挺身向前，紧贴对方回收拉绳至身体两侧，荡到最高点时，快速向前推手发力，身体前腾，将触铃人向前推出。触铃人用力回拉绳，身体上拉贴绳，至最高点，快速向前支撑绳，直臂，身体向后上弹出，直身、收下颌、头上顶，触铃。

二、风筝

(一)风筝概述

风筝是我国民族传统体育运动,在我国至今已有 2 500 多年的历史。古代我国不同地方对风筝的称呼不同,南方称"鹞",北方称"鸢"。

据相关史料记载,风筝由公输般(鲁班)发明。鲁班"削竹为鹊,成而飞之,三日不下",《韩非子》中则记载了墨翟三年制成"木鸢"的故事,此外汉朝韩信也曾制作风筝,"剖篾扎架,糊纸引线",称"纸鸢"。

我国古代,风筝最早是用于战争,后在民间流传。古时,每逢清明时节,人们就制作各种风筝进行放飞,不仅白天放,夜间也放。夜里放风筝,在风筝线上挂上一串串小灯笼,被称为"神灯"。古人相信,通过放风筝能除病消灾,获得好运。

在我国整个封建社会时期,风筝一直是一项重要的民族传统运动,不仅在节日中,也是百姓日常户外健身娱乐的重要运动项目。据考证,在我国隋唐时期,放风筝活动在民间广为流传,成为百姓日常重要的娱乐活动。五代时期,首次出现"风筝"的名称,相传,亳州刺史李邺在纸鸢上装竹哨,随风而响,故得名"风筝"。至宋代,我国放风筝活动成为人们日常生活的重要内容,北宋张择端的《清明上河图》、宋苏汉臣的《百子图》里,都有放风筝的生动景象。这一时期,民间有了专门制作风筝的艺人。明清时期,放风筝习俗广为流传,尤其是春季清明前后,到处都可见郊游、放风筝的人。此时的风筝更加精良,而且在风筝的图画内容上也更加丰富多彩。

中华人民共和国成立后,清明前后,许多民族都会来到郊外放飞风筝,放风筝运动成为民众健身的重要活动内容。目前,我国各地的风筝节文化活动的开展都获得了很大的成功,潍坊国际风筝节、阳江世界风筝节、重庆国际风筝放飞节、武汉华中木兰草原风筝节等,将地方风情、民族特色充分展现出来,极大地丰富了本地风筝文化和体育文化。

近年来,在全民健身背景下和我国重视民族传统体育运动发展的社会背景下,风筝运动在我国人民群众间再次成为一个重要的民族体育符号和民族文化符号,越来越多的人走向户外,放飞风筝,享受自然之美、运动之美。

风筝文化作为东方文化的重要代表之一,一直在国际上享有盛誉。早在公元1600年,东方的风筝(菱形)就传到了欧洲,受到欧洲人的喜爱。当前,风筝作为中国的一项传统民俗体育文化已风靡全球,国外多以"飞唐""飞龙"誉之。风筝成了友谊的使者,促进了中外的文化交流。我国"世界风筝都"——山东潍坊,"纸鹞城""中国风筝之乡"——阳江,每年都要举办风筝会,为潍坊的风筝文化发展、经济发展做出了突出的贡献,也是世界了解中国风筝文化、民族体育文化的重要窗口。

(二)放风筝技术

我国风筝制作工艺多样(表8-1),不同的风筝有不同的放飞技术与方法。这里以硬翅风筝为例,对放风筝的方法进行分析。

表8-1　风筝种类

分类标准	大小	构造	功能	形象	艺术风格
种类	微型风筝	软翅风筝	实用风筝	人物风筝	民间风筝
	中型风筝	硬翅风筝	玩具风筝	字形风筝	宫廷风筝
	巨型风筝	软风筝	特技风筝	器皿风筝	
		拍子风筝	观赏风筝	鸟形风筝	
		平挑风筝		虫形风筝	
		桶形风筝		水族风筝	
		直串风筝		其他	

风筝的技术方法主要包括起飞、对空中的风筝进行操控、风筝收回。在竞技风筝方面,现代风筝比赛中,选手们充分展示放风筝技能,使风筝放飞、放高、放远。对于一般社会大众而言,认识风筝的基本构造,能对风筝进行调整顺利放飞即可,风筝是否放高放远可随性而来,重要的是享受放风筝的过程和欣赏自然的风景。

1. 风筝提线

传统硬翅风筝一般有三根提线,根据风筝的大小,提线可相应增加或减少。在风筝提线的位置设计上,两根提线的上提线与水平夹角约 $10°$ 为宜。

2. 起飞技术

（1）大型风筝的起飞

大型风筝体积大,单人拿起困难,通常需要两人协作,一人拿住放飞线,另一人迎风站立,在来风之际,两人配合放手、提线,使风筝迎风飞起。

（2）中小型风筝的起飞

小型风筝携带方便,体积小,一个人可操控放飞,放飞风筝时,一只手拿风筝,另一只手持线,来风时放飞。

3. 上升和操纵

（1）跑进中放风筝

一只手持线,另一只手持轮。侧身跑,仔细观察风筝的飞行情况,如果风筝上升快应放慢脚步;如果风筝上升慢应增加跑速;如果风筝下跌应及时地松线、停跑。

（2）原地放风筝

民间放风筝多是分阶段使风筝上升,称作"采提之术"或"提带之法"。我国民间善放风筝者,把放风筝的经验总结为口诀:"风筝下沉,则轻提之。风筝倾侧,则徐带之。风筝右偏,则右掖之。风筝左偏,则左掖之。"

第二节 垂钓、蹴球

一、垂钓

(一)垂钓概述

垂钓在我国历史悠久,很多古籍如《战国策》《吕氏春秋》《史记》《水经注》等都有记载。据传 3 000 多年前,姜太公垂钓于渭水,巧遇文王而被封侯拜相,从而流传下"姜太公钓鱼,愿者上钩"的谚语。

在早期的人类社会生活中,垂钓更多的是为了获得生产、生活资料。随着人类生产力的发展,垂钓逐渐发展成为一项户外休闲运动。垂钓可陶冶情操,有益于身心健康,愈来愈受到人们的喜爱,在我国很多地方都出现了钓鱼热,并且发展成一项户外休闲运动,在全国各地普遍开展起来。老年人闲暇时间充足,而且喜静,是参与垂钓运动的主要人群。

垂钓是一种身静脑动、身心并用的运动,垂钓运动可训练人观察、判断和决策的稳、准、快的能力,可在长时间的等鱼上钩过程中磨炼心性意志,在鱼儿上钩的瞬间运用臂腕力,通过竿、线、钩巧妙地传导而将鱼儿钩牢。实践表明,从治病防病的角度来说,垂钓运动可防止肩周炎、颈椎病、支气管炎、消化性胃溃疡、慢性胃炎、高血压等的发生并促进其康复。

(二)垂钓技巧

1. 判断鱼情

垂钓运动,是岸上垂钓者与水中鱼儿的互动,要体验垂钓,必须要确定水中有鱼,因此垂钓者应懂得判断鱼情,具体方法如下。

（1）看水纹

①水平如镜，水下可能无鱼或鱼少，或鱼不吃东西。

②水波粼粼，有鱼打出水花或跃出水面，表示水下鱼很多。

③水面小鱼突然受惊四散，多有大鱼活动觅食。

④鱼群浮在水面，说明水中缺少氧气，鱼儿不进食。

（2）看水色

结合"水清无大鱼，浑水好藏鱼"的俗语，水过清多是无鱼或鱼少；淡绿色、淡蓝色或淡青色的水中鱼儿较多；水色太深，鱼觅食难，不宜垂钓。

（3）看水草

一般来说，水草多鱼少，食草性鱼少。水草头残缺不齐，表明食草性鱼类较多；水草震动，说明有鱼栖聚，适宜垂钓。

（4）试水温

鱼儿生长的最佳水温是 15～30℃，水温低于 5℃或高于 30℃，鱼儿就极少进行觅食活动，不宜垂钓。

（5）闻水味

有鱼的水域，在水岸边可闻到鱼腥味，鱼腥味越浓，鱼越多，越适宜垂钓。

（6）听水声

食草性鱼类吃草时可发出"嚓嚓"声，大鱼追捕小鱼会发出"扑通"声，有声则有鱼。

（7）看水鸟

水鸭、白鹭等在水面上空盘旋、翱翔，鸬鹚、水鸭在水面上戏水，说明水中鱼较多，适宜垂钓。

2. 持竿垂钓

（1）打窝

根据水情，选择好垂钓地点，准备下诱饵打窝。一般水面大的，窝子打远些；水面小的，窝子打近些。春天宜打在近岸的浅水区，夏天应打在阴凉的深水区，秋天可打在较远的深水区，冬天要打在向阳的背风区。

（2）投饵

投什么样的饵料以及投饵多少,应视诱饵质量、水面大小和深浅、鱼种来确定。

水深、水面宽大宜多投,水浅、水面小的可少投。诱饵投放多少要适量并符合鱼种的口味（表 8-2、表 8-3）。

表 8-2　常见淡水鱼喜食饵料

鱼种	饵料
鲤鱼	红或紫色蚯蚓、红虫、蛆虫、水蛆、猪肉丁、沙丁幼鱼、螺肉、蛤肉、蚬肉、河虾、白薯、马铃薯、米饭粒、面食
鲫鱼	红或紫色蚯蚓、红虫、蛆虫、米蛀虫、肥猪肉丁、河虾、马铃薯、米饭粒、面食
青鱼	红或紫色蚯蚓、蟑螂、螺肉、蛤肉、蛆肉、河虾
黑鱼	红或紫色蚯蚓、葡萄虫、青蛙、小活鱼、河虾
鳜鱼	红或紫色蚯蚓、小活鱼、小泥鳅、小鲫鱼、小虾
罗汉鱼	红或紫色蚯蚓
武昌鱼	红或紫色蚯蚓、苍蝇、河虾、白薯、面食
鲢鱼	青黑或紫黑色蚯蚓、白薯、酸臭面饵
鲶鱼	青黑或紫黑色蚯蚓、葡萄虫、蝴蝶、青蛙、小泥鳅、河虾、肉丁
鳗（白鳝）	青黑或紫黑色蚯蚓
白条鱼	绿色蚯蚓、柳虫、草蜘蛛、苍蝇、面食
梭鱼	红虫、水蛆
鲴鱼	水蛆
草鱼	蟋蟀、河虾、白薯、米饭粒、面食、蚯蚓、植物叶和草
蟹	绿色蚯蚓、柳虫、草蜘蛛、苍蝇、面食
虾	蚯蚓、蛆、沙蚕、岩虫

表 8-3　常见的诱饵配方

鱼种	诱饵配方
鲤鱼	玉米粒炒成焦黄,加榨油后的豆饼碾碎;酒糟或浸酒小米
鲫鱼	生大豆、麦粒、小米炒熟碾碎;菜籽饼、麸皮、米炒熟碾碎;小粒的玉米渣
草鱼	嫩绿的菜叶、鲜草、嫩瓜蔓;榨油后的豆饼碾碎加麸皮拌匀
武昌鱼	榨油后的碎豆饼;酒精、豆腐渣、麸皮
鲂鱼	鲜嫩水草、菜;榨油后的碎豆饼
鳊鱼	鲜嫩水草、菜;豆饼、糠、麸皮
青鱼	螺肉、蛤肉(新鲜品)、豆饼、豆渣

（3）装饵

钓饵有荤素之分,以蚯蚓为例,正确装钩方法如下。

①用钩尖从其一端穿入,剩下 0.5～1 厘米长的部位不穿到,使其摆动诱鱼。

②用钩尖从背部中间穿入留头尾不穿,显活蹦乱跳之态诱鱼。注意钩尖不外露。

（4）下钩

按照"轻、准、动、避"的要求下钩。

①轻:不要有太大声响,以免饵脱钩或惊跑鱼群。

②准:把钓钩抛在窝点上,不要偏离。

③动:轻抖钓线,引鱼注意。

④避:避开小鱼的干扰与抢食。

（5）看钩

鱼的咬钩动作因鱼种而异。鲫鱼吞饵头朝上,尾朝下,浮子会先下沉一两厘米,然后上浮;青鱼、草鱼游动快,吞饵也快,浮子浮沉一两次后即有拖漂现象;黑鱼吞饵凶猛,咬钩拖劲大。

看钩不仅因鱼有别,也要充分考虑不同浮漂的性能(表 8-4)。

表 8-4　浮漂的选择与性能特点

浮漂的种类	浮漂的特点与性能
风漂	灵敏度高,浮力适中,饵落水快,漂尖较细,远距离不易看清。适于溪流及风大时使用;适于水中底层
锥子漂	灵敏、浮力小,多用于静面水域及冬钓;适于水中底层
直漂	溪流钓及有风浪时使用;适于水的上、底层
辣椒漂	食饵落水慢,鱼易发觉,浮力适中;适于水底层
睡式漂	耐强风,用于有风浪的河口或受海浪侵袭的海面;适于各个水层
散式漂	敏感、灵活,用于水藻、沉桩、礁石等障碍物周围,在鱼漂上下移动不便的水域垂钓;适于水的浮游、中上层
球形漂	浮力稍大,适于深水域及流水缓慢的溪流;适于水浮游中层

3. 提竿

持竿时,竿透出肘后 30～40 厘米;提竿时,手腕上翘,手肘下压。既要用力,又不能大翘大压。在鱼竿处只需上翘 5 厘米左右,就能使鱼钩钩住鱼嘴内的软肉。提竿要顺着鱼浮拖的方向提或斜向提,不可向后提。提竿切忌用力过猛,以免把鱼嘴拉裂、只钩鱼唇、线断、钩断。

二、蹴球

(一)蹴球概述

蹴球是我国传统球类运动,由蹴鞠发展而来,后经改变创新发展成为蹴球。

据传,距今四五千年的黄帝时代,中国就有了蹴鞠运动,汉代刘向的《别录》和《轩辕黄帝传》对此均有叙述,蹴鞠是当时军事训练的重要内容。例如,《别录》中称:"蹴鞠者,传言皇帝所作,或曰起于战国之时。蹴鞠,兵势也,所以练武士、知有才也,皆因嬉戏而讲练之。"《轩辕黄帝传》中称:"黄帝令作蹴鞠之戏,以练武士。"

关于蹴鞠的确切史料记载出现在《史记》及《战国策》中。据《战国策·齐策一》,战国时期,辩士苏秦主张六国联合抗秦,游说魏王说:"临淄甚富而实,其民无不吹竽鼓瑟,击筑弹琴,斗鸡走犬,六博蹴鞠者。"蹴鞠在当时已十分普及。

在我国封建社会,蹴鞠是贵族子弟非常喜欢的一项健身娱乐运动,民间也时常在街头巷尾见到进行蹴鞠的儿童。可惜,我国古代蹴鞠方法多已失传,只有在踢石球、夹包、花毽等游戏中还可以看到蹴鞠二十五法的一些影子。

蹴鞠原有二十五法,踢石球只是其中一法而已。《红楼梦》第二十八回描写"焙茗往东边二门前来,可巧门上小厮在甬路底下踢球……"这里的踢球就是踢石球。清末《北京民间风俗百图》第六十四图《踢石球》中对踢球之法也有描述。末代皇帝溥仪的四弟,即爱新觉罗·溥任先生也曾对宫中太监的踢球方法有所描述。从多种描述来看,踢石球是用脚尖踩住球,用力前踹,击中对方为胜。后为了传承与推广我国传统体育,对踢石球游戏进行挖掘整理后改编推广,称为蹴球运动。

蹴球是我国传统民族体育运动蹴鞠的一种新生,为新时期丰富全民健身运动、增强人民体质做出了贡献,同时蹴球作为我国少数民族传统体育运动会的正式比赛项目,得到了竞技化发展。

(二)蹴球技术

1. 准备姿势

两脚开立,或一脚稍前站立,全身放松,目视对方球,随时准备起动。

2. 支撑脚站位

以右脚蹴球为例,左脚前跨一步,在球侧后方 20 厘米处站定,脚尖外展,与出球方向成 45°夹角,左膝微屈,重心在左脚,右脚跟提起,脚尖着地,收腰含胸,松腹敛臀,两臂自然下垂,全身放松,目视球。

3. 蹴球脚压球与瞄准

蹴球脚提起,以脚跟在球正后方 15 厘米处着地,脚掌前部在球上方距球 2 厘米左右,脚瞄准进攻方向,以脚掌轻压球,目转视进攻目标,支撑腿屈膝,蹴球腿膝关节自然弯曲,勾脚踝,脚掌压球。

4. 蹴球

（1）蹴一般球

目视进攻目标,蹴球腿腹肢直肌、髂腰肌等用力收缩使髋屈,向前上抬大腿,脚掌压紧球使之向前滚动朝进攻目标奔去。

（2）蹴回旋球

蹴回旋球时脚掌触球部位比蹴一般球稍偏后一些,即以脚趾部位压住球即可,目视进攻目标,脚掌用力下压,随用力的增大,球以回旋（下旋）的形式向前滚出,撞击目标球后,前移动能传给目标球后,以回旋形式滚回。

（三）蹴球战术

1. 首轮发球战术

按 1,2,3,4 号顺序每人将自己的球从同号发球区蹴入场内,布局如图 8-1 所示。

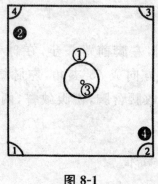

图 8-1

2. 连蹴一次战术

对某一目标球的连蹴得 5 分。在连蹴也只能攻击对方同一球的情况下,第一蹴不将对方球蹴出界,而在第二蹴时将对方球蹴出界,造成 1＋4＝5 的得分。如图 8-2 所示,③球一蹴将❹号球击出界,❷球处于约 8 米外的对角场区,连蹴只得 4 分,第二蹴再将❹球蹴出界,则可得 5 分。

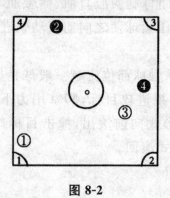

图 8-2

3. 利用两次连蹴得 10 分的战术

在一次蹴球中,利用分球技术使主球先后连续撞击两个目标球。如图 8-3 所示,利用分球技术,❹球撞击①球后,分球撞击③球,得 1＋1＝2 分,并获两次连蹴权。接着将③球蹴出界外,再将①球蹴出界外,可实现 2＋4＋4＝10 的得分。

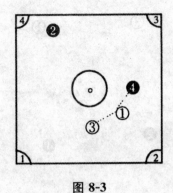

图 8-3

4. 八分球战术

在第一蹴和连蹴时都能将对方球蹴出界的情况下，第一蹴将对方一球蹴出界，第二蹴时将对方另一球蹴出界外，得 4+4=8 分。如图 8-4 所示，❷球将①球蹴出界外得 4 分，将③球蹴出界外再得 4 分。

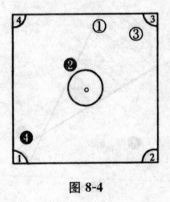

图 8-4

5. 回避球战术

不向对方球进攻，蹴向任何方向、距离，避开对方球。蹴球比赛规则固定，每局比赛每个队员享有 1 次回避球申请权。

如图 8-5 所示，四球散居四角，1 号队员进攻，如向❷或❹球前进 1 米，则将球推至❹球易进攻的范围，此时可采用回避球战术。

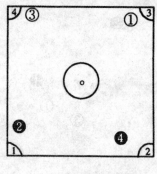

图 8-5

6. 发球不到位战术

犯规战术的一种,将本方球发至远离对方球的位置,增加对方进攻难度。如图 8-6 所示,阴影部分为❷球的有效发球范围,被对方①球和③球占据,❷球发出就易被攻击,可选择犯规战术,将球蹾在离③球较远的位置,或轻蹾使球几乎不动。

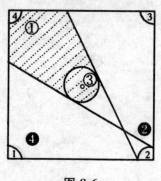

图 8-6

7. 同归于尽战术

如图 8-7 所示,阴影部分为①球有效发球范围,❷球先将③球击出界外,③球被放置在停球区内;❷球将①球击出界外,如果❷球仍停在场内①球的有效发球范围内,则 1 号队员将①球发到❷球附近,然后由 3 号队员进攻,3 号队员可用①球进攻❷球得 4 或5 分。如采用同归于尽战术,❷球击①球后也出界,则③球发球后,再将❷球发到远离①球的位置,仅给对方加 2 分,且使己方的球不易被攻击。

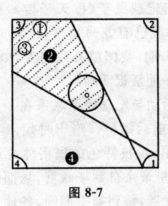

图 8-7

第三节 龙舟、独竹漂

一、龙舟

(一)龙舟概述

龙舟,又称"赛龙舟""划龙船""龙船赛会"等,是我国传统民族体育的代表项目。

在我国民间,龙是瑞兽,象征吉祥。中国古代的神话传说中,始祖伏羲和女娲形象的"蛇身"即为龙的原始形象,中国先祖夏后氏的部族领袖禹的出世与黄龙有关,龙被华夏先民当作祖神敬拜。经过长期发展,中国形成了一整套完整的龙文化,"龙"最深层次的内涵是其多元文化整合为一而又不断创新、开拓的精神。龙的形象隐含着中国人的四大观念,即"天人合一"的宇宙观、"阴阳交合"的发展观、"仁者爱人"的主体观、"兼容并包"的文化观。①

---

① 赵源伟. 龙狮和龙舟[M]. 北京:中国社会出版社,2006.

龙所代表的文化内涵几乎涵盖了以中国文化为代表的东方哲学的全部精髓。

我国最早的龙舟记载见于《穆天子传》，相传周穆王时（公元前1001—前947年）就已有龙舟出现，比屈原投江的时间早600多年。在原始社会末期，我国就有乘舟渡江活动，最早是古越族人祭水神或龙神的一种祭祀活动。

战国以后龙舟活动与纪念屈原联系在一起，成为每年固定的活动，主要在端午节前后举行。隋唐时代，赛龙舟已经从一项祭祀活动变为极富娱乐、竞技特色的民俗体育运动。宋代，龙舟竞渡由民间传入宫中，皇帝亲自到场观赛，场面十分宏大。清代，赛龙舟得到了极大的发展，每到端午期间，各地、各族人民都积极举行划龙舟比赛。

中华人民共和国成立后，龙舟运动发展迅速，1953年11月，在第1届全国民族形式体育表演及竞赛大会上，赛龙舟被列为表演项目；在1991年的第4届全国少数民族运动会上赛龙舟被定为正式比赛项目。

就世界范围来看，世界上有许多国家和地区都开展了此项运动，东南亚一带赛龙舟尤其盛行。

当前，我国龙舟运动发展呈现出新的发展趋势。

龙舟竞技方面，龙舟运动逐渐发展成为我国一项重要的民族体育竞技运动。每逢端午佳节，各种龙舟竞赛活动热闹非凡，极大地宣传和推广了龙舟运动。

龙舟健身方面，我国龙舟运动与端午民俗相结合，在广大人民群众中具有广泛的影响力和参与度，越来越多的人愿意尝试这些承载我国传统文化的亲水运动。

龙舟创新发展方面，2022年冬奥会举办在即，当前，我国正面临着大力发展冰雪运动的良好契机，民间冰雪运动发展积极创新，促进了冰雪运动与民俗体育的结合。其中，冰上龙舟竞渡是一个典型的、成功的创新项目，2017年以"冰雪北屯·龙舟喝彩"

为主题的 2017 新疆首届冰上龙舟赛成功举办。[①] 冰上龙舟是我国传统体育与冰上项目的一次大胆创新和成功结合。

(二)龙舟技术

一般来说,龙舟划手多采取坐姿,龙舟比赛有单排划手,但两排划手居多,左右对应而坐。这里以双排划手的龙舟行进为例,对划手的龙舟技术分析如下。

1. 姿势

(1)划手姿势

右排坐姿:左脚在前,全脚掌踏实,左腿半屈;右脚在后,位于臀部下方,前脚掌踏在舟板上,脚跟提起,大腿和臀部外侧紧贴舟内沿。

左排坐姿:同右排坐姿,只是左右腿动作相反。

(2)鼓手、锣手姿势

较大规模的龙舟竞赛一般会在龙舟前方配有鼓手、锣手,以打节奏和奏乐来鼓舞士气。

鼓手:有站立打鼓、坐着打鼓、单腿跪姿打鼓。

锣手:有站立打锣、坐着打锣。

(3)舵手姿势

有站立把固定舵、站立把活动舵、坐着把活动舵。

2. 握桨技术

右排坐姿划手握桨:左手握桨把上端,掌心紧贴桨把,四指并拢从外向内弯曲握,拇指从内向外握;右手在桨的下端(桨叶与桨把的交界处),四指弯曲并拢从外向内握,拇指从内向外握。划行中握桨要自然放松。

左排坐姿划手握桨:同右排划手技术方法,只是左右手上下

---

① 刘春燕,王梅,刘安,陈洋. 冰雪为媒远客来 龙舟竞技展风采——十师北屯市举办 2017 新疆首届冰上龙舟大赛[J]. 兵团工运,2017(2).

位置相反。

3. 划桨技术

①划桨时,桨入水的角度以 80°~90°为宜。

②划行时,身体前倾,上手向前推,下手向后拉,成高肘动作。

③桨入水瞬间,上手臂用力向下压桨至拉水完毕。向上抬桨时,上手臂放松,下手腕内扣,使桨叶卸水。

4. 集体配合

赛龙舟是集体配合完成的运动,龙舟行进过程中,所有队员的动作必须做到:握桨的技术动作一致、入水角度一致、入水深浅一致、用力协调一致。

龙舟行进过程中,全体队员应服从指挥,听口号、哨声或鼓声一致用力、配合,注意划桨动作要与呼吸协调配合,划桨时呼气,起桨时吸气。

二、独竹漂

(一)独竹漂概述

独竹漂,又称"独竹舟""划竹竿",约起源于秦汉时期,最初的漂流工具为楠木。据史料记载,播州盛产楠木,是珍贵的建筑木材,古时,朝廷派采木官到播州原始森林赤水、习水一带采办楠木等,过去赤水不通航,楠木珍贵,于是派一人或多人负责一块木料的水运,至长江边捆绑船运,长此以往,人们逐渐习惯站在独木上撑送楠木,并竞争嬉戏,之后逐渐发展成民间娱乐游戏,称独木漂。

清初,独木漂发展成为独竹(楠竹)漂,每年端午涨水时,习水、赤水一带人们在河中竞相争渡,独竹漂逐渐发展成为当地人民的一种民间绝技。

相传,1935 年,红军四渡赤水时的渡河工具就是独竹。

中华人民共和国成立以后,独竹漂成为近水而居的人民群众的重要水上交通工具,"一苇渡江",方便又快捷。之后,随着民族传统体育旅游的发展,独竹漂成为一项重要的民族体育表演项目,表演者在竹子上表演各种高难度动作而不掉入水中,令人称绝。

"赤水独竹漂"是贵州省省级非物质文化遗产,并在 2011 年第 9 届少数民族传统体育运动会上被列为正式比赛项目。

(二)独竹漂的技术

1. 工具选择

一般来说,独竹漂多以楠竹为漂流工具,楠竹直径大约 15 厘米,长约 8 米,竹应笔直。运动者也可根据自己的体重选择更长或直径更宽的楠竹。

2. 撑竿行进

赤足站立在楠竹上,手拿一根细竹竿做船桨,一般来说直径约 5 厘米、长约 4 米,竹竿应笔直,漂流者握细竹竿的中间位置,左右交替用竹竿两端向后拨水,可实现独竹漂的前进。

参考文献

[1]赵洪朋,周成林.青少年户外运动健身特点与指导方案研究[M].
沈阳:东北大学出版社,2017.

[2]朱海燕.体育锻炼下的大学生心理健康效应研究[M].北京:
中国纺织出版社,2018.

[3]李建臣,任保国.青少年体能锻炼与体质健康[M].北京:化学
工业出版社,2014.

[4]刘小俊."阳光体育"内涵与发展探析[J].沈阳体育学院学报,
2009,1(28).

[5]徐昊,傅钢强."阳光体育运动"内涵、地位及意义的再阐释[J].
山东体育科技,2009,2(31).

[6]郝小刚,高雪梅."阳光体育运动"与高校体育的"冲突与共
融"[J].首都体育学院学报,2011,5(23).

[7]陶宇平.户外运动与拓展训练教程[M].成都:电子科技大学
出版社,2006.

[8]张峻豪,国伟.高校户外休闲运动的教育价值分析研究[J].当代
体育科技,2017,22(7).

[9]李菲,谭成清.户外休闲运动的教育价值分析研究[J].内江科
技,2016(7).

[10]杨学凤.论高校户外运动的开展[J].中华文化论坛,2009(S1).

[11]亓冉冉.我国户外运动发展现状与对策研究[D].北京:中国
地质大学,2013.

[12]王立平,孙妍,王磊.当前我国大众户外运动发展现状研究[J].
山东体育学院学报,2012,4(28).

[13]顾晓艳,孟明浩,俞益武.休闲观光农业与户外运动的复合开发策略及实证研究[J].浙江农林大学学报,2012,29(1).

[14]刘凤香.户外运动与体育旅游的概念与关系辨析[J].天津体育学院学报,2008(2).

[15]罗建达,蒋小翠体育旅游营销模式下的广西户外运动发展现状与对策研究[J].搏击(体育论坛),2015,12(7).

[16]张油福,国伟,黄晓晓.贵州发展山地户外体育旅游休闲产业的 SWOT 分析研究[J].南京体育学院学报(社会科学版),2013,3(27).

[17]张童.武汉市中小学"阳光体育运动"的开展现状与对策研究[D].武汉:华中师范大学,2013.

[18]林顺治,吴冰.我国"阳光体育"长效机制与战略对策[J].河北体育学院学报,2010,1(24).

[19]李凌.论体育消费与体育生态化发展[J].山东体育学院学报,2016,1(32).

[20]刘华荣.我国高校户外运动风险管理研究[D].北京:北京体育大学,2017.

[21]李萍,李艳翎,李骅.中国户外运动公共政策现状分析[J].体育文化导刊,2007(6).

[22]邹克扬,贾敏.运动医学[M].北京:北京师范大学出版社,2010.

[23]宋振华.健身运动损伤的预防与康复[M].北京:人民卫生出版社,2014.

[24]张英波.现代体能训练方法[M].北京:北京体育大学出版社,2007.

[25]吴东明,王建.体能训练[M].北京:高等教育出版社,2005.

[26]曹青军.运动训练理论与实践[M].北京:北京理工大学出版社,2010.

[27]肖涛.运动训练学[M].重庆:重庆大学出版社,2016.

[28]黄志剑.体育运动心理学[M].武汉:华中科技大学出版社,2016.

［29］吕青.校园极限运动［M］.北京：北京体育大学出版社，2009.

［30］王延光.轮滑［M］.长春：吉林文史出版社，2014.

［31］程晨.自由式轮滑教程［M］.北京：高等教育出版社，2017.

［32］郑亚平.大众自行车运动知识与实践攻略［M］.北京：化学工业出版社，2012.

［33］夏本立.户外健身运动指南［M］.北京：人民军医出版社，2014.

［34］董立.大学生户外运动［M］.成都：西南交通大学出版社，2010.

［35］董范，国伟.户外运动学［M］.武汉：中国地质大学出版社，2009.

［36］陶宇平.户外运动与拓展训练教程［M］.成都：电子科技大学出版社，2006.

［37］赵源伟.龙狮和龙舟［M］.北京：中国社会出版社，2006.

［38］刘春燕，王梅，刘安，陈洋.冰雪为媒远客来 龙舟竞技展风采——十师北屯市举办 2017 新疆首届冰上龙舟大赛［J］.兵团工运，2017(2).

［39］冯国超.中国传统体育［M］.北京：首都师范大学出版社，2007.

［40］薛凌.高校民族传统体育理论、发展与技能研究［M］.北京：中国水利水电出版社，2017.

［41］田祖国，郭氏彬.民族传统体育［M］.长沙：湖南大学出版社，2018.

［42］刘春燕，谭华.中华民族传统体育的兴盛、危机与复兴［M］.北京：人民出版社，2016.